Abenteuer ESKAPADEN

AUSZEIT AUSGLEICH

Raus mit dir! LÄCHELN

STADT.LAND.FLUSS. ENDLICH

FREE

ERLEBEN FEIERABEND!

BLAU kleine Fluchten

Wege Lebensfreude NATUR

GLÜCK von Anne Steinbach und Clemens Sehi

DAMPF ABLASSEN

PLAUDERN UND GENIEßEN

HORIZONT ERWEITERN

ABENTEUER IN SICHT

LIEBE LESERIN,
LIEBER LESER,

Berlin ist bekannt – viele glauben sogar, die Stadt wie ihre Westentasche zu kennen. Aber ist das wirklich so? In diesem Buch finden sich 52 Ideen, wie man seinen Feierabend auf Berlinerisch und mal ganz anders gestalten kann – von geselligen Abenden an Orten, wo sich nur eingefleischte Kiez-Kenner Gute Nacht sagen, über kleine Abenteuer vor der Haustür bis hin zu außergewöhnlichen Blickwinkeln auf die Spree-Metropole.

Zum Feierabend wirft sich Berlin ins schönste Kleid. Dann wird sich an bislang unbekannten Plätzen ausgepowert, am Wasser geplaudert und Historie vom Rad aus geschnuppert. Die schönste Zeit des Tages – ganz neu und aufregend und vor allem mitten in Berlin!

 Viel Vergnügen wünschen

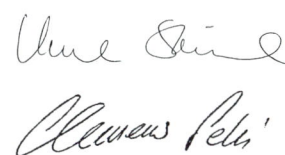

PS: Übersichtskarten und Infos zum Download von Tourdaten gibt's ab Seite 224.

AUSZEIT.
ABENTEUER.
LEBENSLUST.

DAMPF
ABLASSEN

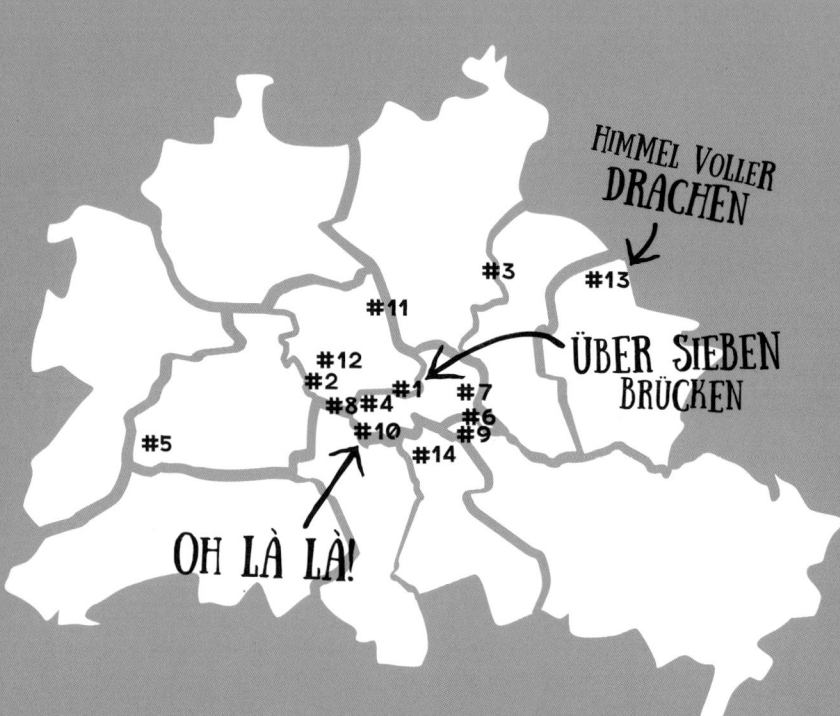

HIMMEL VOLLER DRACHEN

#3

#11

#13

ÜBER SIEBEN BRÜCKEN

#12

#2

#1

#7

#8 #4

#6

#10

#9

#5

#14

OH LÀ LÀ!

Alternativen zu Boxsack & Yogamatte

*Den Puls hoch- und die Gedanken runterfahren: Berlin
bietet überraschend viele Möglichkeiten, um aktiv in
den Abend zu starten. Von einer Partie Minigolf bis hin
zu Boule in hübscher Abendkulisse.*

ÜBER SIEBEN BRÜCKEN

... mit dem Rad von Mitte bis nach Tiergarten

Sagenhafte 960 Brücken finden sich in Berlin. Wer hätte das gedacht? Sieben von ihnen liegen so malerisch schön, dass man sie am allerbesten im Zickzack mit dem Rad entdeckt – auf einer Brückentour im Herz der Hauptstadt.

#Brückentour #Radtour #BerlinmitdemRad #RadundTat

Auf der Brücke des Bode-Museums – hier treffen sich abends oft ein paar Straßenmusiker.

Dass Berlin für eine Hauptstadt unheimlich viel Wasser und Grünflächen hat, das ist bekannt. Aber, dass die Bundeshauptstadt europaweit an vierter Stelle steht, wenn es um die Anzahl der Brücken geht, das ist ein Insiderfakt. 960 Brücken verbinden die Berliner Ufer miteinander, mal im touristischen Zentrum in Berlin-Mitte, mal im Regierungsviertel und mal ganz abgelegen in Oberschöneweide oder in Köpenick.

Warum nicht nach Feierabend aufs Rad setzen und mal Tourist in der eigenen Stadt sein? Frischluft tanken, den Kopf frei bekommen, neue Impulse sammeln. »Über sieben Brücken musst du gehn«, sangen schon die Musiker der Band Karat und Schlagerrocker Peter Maffay. Ein Perspektivwechsel mit dem Fahrrad.

Start ist am S-Bahnhof Jannowitzbrücke. Zugegeben, die erste Brücke auf dieser Radtour ist vielleicht nicht die hübscheste, aber eine, die mit einer netten Geschichte daherkommt. Denn bereits 1823 gab es an eben dieser Stelle eine Brücke. Damals war es noch eine Holzbrücke, auf der für jedes Überqueren sechs Pfennig gezahlt werden musste. Sie gehörte damit zu Berlins namenlosen »Sechserbrücken«. Mittlerweile ist die Jannowitzbrücke eine recht normale Stahlbrücke, die man ganz einfach ohne Gebühr überqueren kann.

Von der Jannowitzbrücke aus geht es runter an das Märkische Ufer und zur zweiten und zudem einer der schönsten Brücken auf dieser Tour: die Inselbrücke. Die dreibogige Stein-

brücke stammt aus dem 17. Jahrhundert. In ihrer heutigen Gestalt existiert sie jedoch erst seit 1912. Diese kleine Brücke ist zwar nur 49,7 Meter lang, aber herrlich romantisch und auch perfekt geeignet für einen kurzen Stopp. Wer über die Inselbrücke fährt, landet auf der Fischerinsel mit ihren Hochhäusern. Hier führt ein schmaler Radweg am Spreeufer entlang. Achtung: Am Ende des Radwegs muss das Rad ein paar Stufen hinaufgetragen werden. Denn jetzt geht es über Brücke Nummer drei, die große Mühlendammbrücke, auf die andere

Sei es die Museumsbrücke in Mitte oder die Gustav-Heinemann-Brücke am Hauptbahnhof: Brücken bringen einen von A nach B und auf andere Gedanken.

Flussseite, anschließend links direkt auf den Radweg am Spreeufer und damit durch das historische Nikolaiviertel. Weiter verläuft die Fahrt vorbei an der Rathausbrücke, die früher einmal Kurfürstenbrücke hieß, und direkt auf das Vera-Brittain-Ufer. Von hier aus hat man einen wunderbaren Blick auf den Berliner Dom und die beeindruckende Architektur der Museumsinsel. Die Verbindung zwischen Spreeufer und Museumsinsel bildet die fünfte Brücke der Tour, die Friedrichsbrücke aus dem Jahre 1703, die gerade am Abend Musiker und Künstler anlockt.

Im Anschluss geht es am Monbijoupark vorbei und über Brücke sechs, die nördliche Monbijoubrücke, am anderen Spreeufer weiter. Wer dem Reichstagufer folgt, wird in den nächsten Minuten noch so einige Brücken passieren: die Ebertbrücke, die Weidendammer Brücke, die direkt zum Friedrichstadt-Palast führt, die Marschallbrücke am ARD-Hauptstadtstudio und die wohl futuristischste Brücke Berlins, die Kronprinzenbrücke. Ziel der Radtour ist jedoch eine ganz andere Brücke: die Moltkebrücke, die mit ihrem roten Sandstein zu den prägnantesten Brücken Berlins gehört.

Tipp: Im Sommer einfach in der Nähe der Moltkebrücke im Biergarten des Hauses der Kulturen der Welt (www.hkw.de) mit einem erfrischenden Getränk ans Wasser setzen und die vorbeifahrenden Schiffe beobachten.

Wer noch Lust hat zu radeln, der kann von hier aus dem Radweg entlang der Spree bis in den Tiergarten folgen.

FAZIT: MAL WIEDER ORDENTLICH IN DIE PEDALE TRETEN UND DABEI SOGAR ETWAS LERNEN.

Hin & weg: Mit der S-Bahn und dem Rad bis zum S-Bahnhof Jannowitzbrücke fahren und von hier aus starten.

Beste Zeit: Frühling und Sommer.

Dauer & Strecke: 5,6 km, 25 Min. reine Fahrzeit ohne Fotostopps und Zickzack-Umwege.

Ausrüstung: Fahrrad und Helm.

Übrigens: GPX-Download auf Seite 229.

ALLE INS BOOT

... auf dem Neuen See im Tiergarten

#2 *Und plötzlich ist es ganz still. Nämlich genau dann, wenn man den ersten Schritt in die grüne Lunge Berlins, den Tiergarten, wagt und weit weg vom Großstadtchaos mitten in der Natur ist. Am besten auf dem Wasser – im Ruderboot.*

Am Ufer entspannen oder sich ein Boot ausleihen? Am Neuen See beendet jeder den Feierabend auf die ganz eigene Art und Weise.

Wenn man sich Berlin von oben anschaut, dann fällt der Tiergarten direkt ins Auge. Kein Wunder, denn mit seinen 210 Hektar Fläche nimmt er nicht nur einen recht großen Bereich der Hauptstadt ein, sondern fungiert auch als deren grüne Lunge. Im Südwesten des Parks liegt eine versteckte Oase: der Neue See.

Um zum Neuen See zu kommen, spaziert man am besten vom Großen Stern oder vom S-Bahnhof Tiergarten aus durch den Park. Ganz plötzlich wird das Chaos der dicht befahrenen Straße des 17. Juni und das Gemurmel der vielen Touristen wie durch ein Vakuum abgeschottet. Ab jetzt lauscht man nur noch dem Vogelgezwitscher, den Fahrradklingeln und ganz vielleicht dem tiefen Atem der vielen Jogger, die einem hier begegnen. Heute ist es kaum vorstellbar, dass der Tiergarten einst als Jagdrevier genutzt wurde, doch genau so

war es. Bereits im 16. Jahrhundert wurden hier Wildtiere ausgesetzt, die dann von den Kurfürsten von Brandenburg gejagt wurden. Ein Glück kam mit Friedrich dem Großen im 18. Jahrhundert aber jemand, der den Tiergarten viel eher als eine Art »Lustpark« für die Bevölkerung umstrukturieren wollte. Wäre er nicht gewesen, hätte man heute nicht die Möglichkeit, den Tiergarten so vielfältig erleben zu können – mit dem Fahrrad, den Laufschuhen, als Spaziergänger oder auf einer kleinen Rudertörn zum Sonnenuntergang.

Dafür leiht man sich am besten ein Ruderboot im hübschen Café am Neuen See. Von hier aus startet die Fahrt über das ruhige Gewässer des Tiergartens und die Möglichkeit, das riesige grüne Paradies noch einmal aus einer ganz anderen Perspektive kennenzulernen. Rudern am Abend beruhigt nicht nur die Sin-

ne, sondern treibt bei der richtigen Bewegung ganz sicher dem ein oder anderen eine kleine Schweißperle auf die Nase.

Übrigens: Die vielen Wasserläufe, die heute den Tiergarten durchziehen, stammen alle aus der Planung von keinem Geringeren als dem preußischen Gartenkünstler Peter Joseph Lenné. Dank ihm finden sich neben den weiten Rasenflächen heute Seen mit kleinen Inseln, zahlreiche Brücken, die hübsche Luiseninsel und der Rosengarten im Tiergarten. All das ist auch wunderbar vom Boot aus zu beobachten.

Keine Lust mehr weiterzufahren? Dann einfach das Ruderboot im Café wieder abgeben und bei einer frischen Pizza aus dem Steinofen und auf Biergartenbänken den Feierabend perfekt ausklingen lassen.

FAZIT: EIN BISSCHEN AUSPOWERN, EIN BISSCHEN NATUR UND DANN EINE LECKERE PIZZA – PERFEKT!

Hin & weg: Vom S-Bahnhof Tiergarten oder von den Haltestellen des Bus 100 durch den Tiergarten zum Café am Neuen See schlendern.

Beste Zeit: Frühling und Sommer.

Dauer & Strecke: Je nach Lust, Laune und Schulterkraft.

Ausrüstung: Ruderboote können im Café am Neuen See (www.cafeamneuensee.de) geliehen werden.

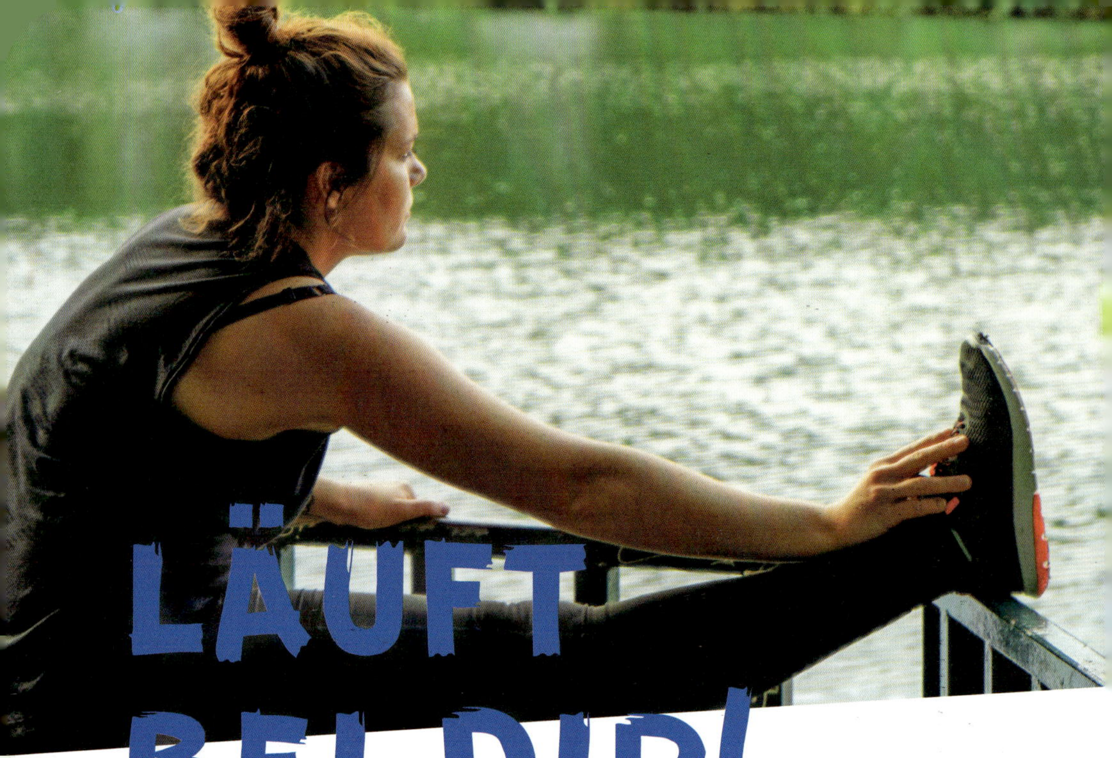

LÄUFT BEI DIR!

… Feierabend-Joggen in Hohenschönhausen

#3 *Tief einatmen, tief ausatmen und dabei immer wieder den frischen Geruch der Natur schnuppern. So klappt das mit der Laufrunde zum Abend doch eigentlich ganz gut, oder? Die vielleicht schönste Kulisse dafür gibt es zwischen drei Seen in Hohenschönhausen.*

#Seeliebe #Laufrundedeluxe #HTown #Naturlauf #FeierabendAuslauf

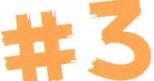

Abschalten und Auspowern in schönster Natur macht zum Feierabend den Kopf frei.

Ach ja, dieser innere Schweinehund, wer kennt ihn nicht? Immer wieder nimmt man sich vor, am Abend ein bisschen Sport zu machen, aktiv zu werden und endlich mal wieder die Laufschuhe zu schnüren. Und was macht man? Nichts. Dabei hat Berlin sagenhafte 2500 Parks und Gärten und knapp 50 Seen, die jeden noch so großen Laufmuffel zum Feierabendsportler machen.

Wer einmal drei recht unbekannte Gewässer kennenlernen möchte, der sollte zum Feierabend Richtung Hohenschönhausen und Weißensee fahren. Denn hier liegen drei Seen so herrlich idyllisch, dass sie am besten auf einer kleinen Laufrunde erkundet werden sollten. Los geht es im Bezirk Alt-Hohenschönhausen mit einer Runde um den Orankesee. Der ist mit seiner circa vier Hektar großen Fläche zwar nicht wirklich groß, aber dafür echt malerisch. Er gehört zu einer eiszeitlichen Seenkette, die sich vom oberen Barnim aus bis hinab in das Berliner Urstromtal erstreckt. Sein Name stammt vom slawischen Wort *Roderanke* ab,

das übersetzt so viel wie rotbrauner See heißt. Im Sommer kann man am Orankesee übrigens im Freibad baden – inklusive echter Freibad-Pommes – und ansonsten im gemütlichen Biergarten den Sonnenuntergang beobachten.

Aktive laufen jedoch vom Orankesee aus über die Suermondtstraße in den Nachbarbezirk Weißensee in das Naturschutzgebiet Fauler See. Keine Sorge, wer hier zunächst das Wasser vor lauter Bäumen nicht sieht, ist trotzdem richtig. Denn der Faule See versteckt sich inmitten dichter Bewaldung.

Die Laufstrecke führt damit durch schönste Natur und bietet beste Waldluft. Übrigens: Der Faule See heißt nicht etwa so, weil hier etwas faul ist, sondern, weil sein Ufer aus Faulschlamm besteht und damit die perfekten Bedingungen für zahlreiche Tierarten bietet.

Auf dieser Laufrunde ist man nie allein – andere Läufer und schnatternde Enten begegnen einem immer.

Einmal um den Faulen See herum, geht es wieder über die Suermondtstraße. Diesmal jedoch nicht direkt zurück zum Orankesee, sondern noch einmal links herum um den Obersee und damit wieder zurück nach Alt-Hohenschönhausen. Zwar hat der Obersee eine ähnliche Fläche wie der Orankesee, nur kann man ihn nicht vollständig umrunden. Am hübschesten ist der kleine Parkweg an der östlichen Seite des Sees.

Seinen Namen hat der Obersee von seinem Wasserspiegel, der konstant 1,5 Meter über dem der Nachbarseen liegt. Und nebenbei bemerkt bildet er zusammen mit dem benachbarten Orankesee den natürlichen Kern des Hohenschönhauser Villenviertels.

Am Wasserturm des Obersees vorbei, geht es wieder zurück zum Orankesee und damit zum Ziel der ca. 5,2 Kilometer langen Laufstrecke. Jetzt noch ein letztes Mal tief durchatmen und vielleicht auf einen verdienten Sundowner in den malerischen Biergarten am Orankesee (www.orankesee-terrassen.berlin) gehen, schließlich muss man sich ja auch mal belohnen.

Tipps für die Läufer: Die Laufstrecke um die drei Seen herum ist durchgängig flach. Die Wege sind meist nicht betoniert und damit gelenkschonend und gut zu erlaufen.

FAZIT: EINE HERRLICHE LAUFRUNDE FÜR DIE LUNGE, DEN KOPF UND EIN RICHTIG GUTES KÖRPERGEFÜHL!

Hin & Weg: Mit der Straßenbahn 27 entweder zur Haltestelle Am Faulen See oder mit dem Bus 259 bis zur Haltestelle Hansastraße, durch das Wohnviertel hindurch und am Orankesee starten.

Beste Zeit: Ganzjährig, aber natürlich nur bei passenden Temperaturen. Besonders schön im Frühsommer, wenn alles grün ist.

Dauer & Strecke: 5,2 km für die reine Laufstrecke, je nach Fitnesslevel 20–30 Min.

Ausrüstung: Gute Laufschuhe und passende Kleidung.

Übrigens: GPX-Download auf Seite 229.

SCHLAG AUF SCHLAG

... am Landwehrkanal in Kreuzberg

#4

Zum Feierabend an seinem Handicap arbeiten und mit einem kraftvollen Abschlag den Alltag in weite Ferne katapultieren. Genau das geht beim Minigolfspielen mitten in Kreuzberg sogar mit Blick aufs Wasser.

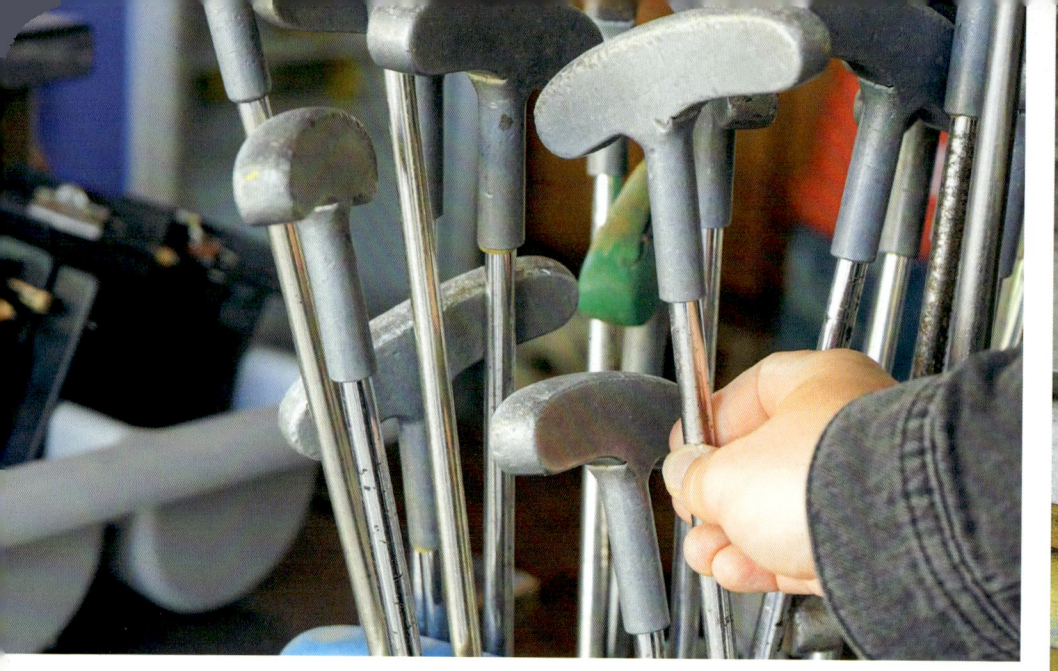

An Material mangelt es nicht: Hier gibt es Minigolf-Schläger und Bälle für Groß und Klein.

Chillen trifft Auspowern: Beim Minigolfen zum Feierabend mitten in der Großstadt lässt sich beides perfekt miteinander kombinieren. Besonders gut geht das am Landwehrkanal in Kreuzberg. Denn dort befindet sich mit dem Brachvogel am Carl-Herz-Ufer 34 ein echtes Urgestein unter Berlins Minigolfanlagen.

Die 18-Loch-Anlage besteht bereits seit 1959. Laut den Betreibern ist sie damit die älteste Minigolfbahn der Hauptstadt. Auf alle Fälle ist sie aber noch etwas anderes: total urig und einfach perfekt für ein paar Schläge nach Feierabend.

Das Beste aber ist die einzigartige Kombination, die der Brachvogel direkt am Wasser anbietet. So wartet hier auf die Besucher nicht nur eine Minigolfanlage, sondern auch ein Restaurant, ein Biergarten und ein Spielplatz.

Das macht die Location geradezu perfekt für einen abendlichen Ausflug mit Freunden, den Arbeitskollegen oder aber mit der ganzen Familie. Essen gehen, im Biergarten sitzen und Minigolf spielen, während sich die Kinder auf dem Spielplatz austoben können – ja, der Brachvogel ist ein echtes Multitalent.

Unbedingt sollte man selbst einmal zum Schläger greifen (gegen eine kleine Gebühr, dafür aber ohne Zeitlimit) und sich an den 18 Stationen der Anlage ausprobieren. Was einfach aussieht, stellt so manchen Spieler vor eine schwere Aufgabe. Bahn für Bahn arbeitet man sich von recht simplen Aufgaben weiter zu schwierigeren Minigolf-Manövern. Während es zuerst nur darum geht, den Ball schnurgerade ins Loch zu treffen (Achtung, klingt einfacher, als es ist), drohen schon bald ganz andere Herausforderungen. Da geht es

schon mal über Bande oder über einen Looping ins Loch.

Wer sich erst einmal Mut antrinken will, bekommt das Getränk nach Wahl in einen Plastikbecher umgefüllt. Denn kleine Stehtische neben den Bahnen machen die Anlage selbst zu einer Art Outdoor-Biergarten.

Eine kleine Verschnaufpause gefällig? Der Landwehrkanal ist nur ein paar Meter entfernt und lockt mit Großstadtidylle. Er wurde von 1845 bis 1850 gebaut und verbindet auf einer Länge von fast elf Kilometern die Ortsteile Kreuzberg, Neukölln, Tiergarten und Charlottenburg. Vor allem aber ist das gemächliche Gewässer in den Sommermonaten ein echter Publikumsmagnet. Allabendlich sitzen echte Berliner und solche, die es mal werden wollen, in kleinen Runden entlang des Ufers.

Hin & weg: Mit der U1 oder U3 zur Prinzenstraße, dann 600 m über die Baerwaldbrücke zum Brachvogel, Carl-Herz-Ufer 34.

Beste Zeit: Die Anlage ist das ganze Jahr über geöffnet, sofern bespielbar – ab 9 Uhr bis »open end«. Besonders empfehlenswert aber im Frühling, wenn es einen wieder nach draußen zieht.

Dauer: Der Ball ist rund und das Spiel dauert zwischen 60 und 120 Min.

Ausrüstung: Schläger und Bälle gibt es vor Ort für wenige Euro. Infos unter www.brachvogel-berlin.de

STUFEN INS GLÜCK

 ... im Grunewald, in Friedrichshain und in Treptow

 **#5**

Wer braucht schon Berge, wenn auch Treppen den Schweiß auf die Stirn treiben können? Treppenlaufen gilt als effektive Sportart, die sich perfekt für einen Feierabend in der Großstadt eignet, vor allem dann, wenn als Belohnung eine wunderbare Aussicht wartet.

Wer nicht gerade im sechsten Stock einer typischen Berliner Altbauwohnung lebt, der hat das Treppensteigen ganz sicher verlernt. Dabei ist diese Art der Bewegung so effektiv wie kaum eine andere. Ehrlich! Das belegt sogar eine Studie aus den USA. Damals liefen die Teilnehmer zweimal am Tag an fünf Tagen die Woche 200 Stufen hoch und, siehe da, nach nur acht Wochen haben 70 Prozent aller Probanden die Sauerstoffaufnahmefähigkeit um 17 Prozent verbessert.

Lange Rede, kurzer Sinn: Treppenlaufen macht nicht nur Spaß, es ist sogar noch gesund und ein wahrer Segen für das Herz-Kreislauf-System und bürostuhlgeplagte Wirbelsäulen.

Für das Gipfelglück am Feierabend gibt es eine Menge verwunschene Märchentreppen in Berlin. Ein Highlight ist zum Beispiel die Treppe im Herzen des Grunewalds, die auf den 99 Meter hohen Drachenberg führt. Entstanden ist der Drachenberg, wie sein Nachbar Teufelsberg, aus Trümmern des Zweiten Weltkriegs, die hier aufgeschüttet wurden. Ein Alpenpanorama gibt es hier zwar nicht, dafür einen Rundumblick über Berlin – vom Olympiastadion über den Funkturm, zum Fernsehturm bis hin zu den Windrädern im Speckgürtel.

Direkt am Parkplatz vom Drachenberg, der knapp zehn Minuten (400 Meter) zu Fuß vom S-Bahnhof Heerstraße auf der linken Seite der Teufelsseechaussee liegt, führt eine wundervolle Holztreppe mit 280 Stufen 70 Meter hoch hinauf auf den Berg. Eingebettet in schönster Natur kann man hier bei jedem tiefen Atemzug Berliner Waldluft schnuppern, denn rundherum zeigen sich die Bäume des 3000 Hektar großen Forstgebiets.

Einmal nicht an die Karriereleiter denken – sondern an die Belohnung, die ganz oben wartet.

Richtig märchenhaft wirkt auch die Treppe im Volkspark Friedrichshain. An der Ecke Virchowstrasse/Margarete-Sommer-Straße führt eine recht anspruchsvolle Treppe in die knallgrüne Natur des Volksparks. Besonders beliebt sind diese Stufen für das Intervalltraining und für Steigerungsläufe. Aber Achtung, wer das Treppenlaufen noch nicht gewohnt ist, sollte es hier langsam angehen lassen.

Etwas entspannter geht es an den Stufen im Treptower Park zu. Die Treppe am sowjetischen Ehrendenkmal wirkt vielleicht erst einmal nicht allzu herausfordernd, hat es aber auch in sich. Der größte Vorteil dieser Stufen ist aber nicht, dass der Puls endlich mal wieder rast, sondern, dass bei jeder Stufe der Blick auf die schillernde Spree immer wieder neu motiviert.

Eine typische Runde Treppenlaufen zum Feierabend startet man am besten langsam und gemächlich. Einmal geht es hoch, dann wieder runter, kurz Luft holen und dann wieder hoch. Wie häufig die Strecke zurückgelegt werden kann, das liegt an der eigenen Fitness.

Wichtig ist es, immer die Belohnung im Hinterkopf zu behalten, denn die wartet meist oben mit einer ungewöhnlichen Perspektive auf die Hauptstadt.

FAZIT: TREPPENSTEIGEN KÖNNTE SCHNELL ZUM NEUEN LIEBLINGSHOBBY WERDEN.

Hin & weg: Am besten direkt in Sportkleidung zur nächstgelegenen S-, U- oder Tramstation fahren (S-Bahnhof Heerstraße, S-Bahnhof Plänterwald und Tram-Station Am Friedrichshain).

Beste Zeit: Ganzjährig, sofern es trocken und nicht glatt ist.

Dauer & Strecke: Je nach Fitness und Motivation.

Ausrüstung: Bequeme Laufschuhe, wetterfeste Kleidung und eine gefüllte Wasserflasche.

DIE MUSKELN SPIELEN LASSEN

 ... im Open-Air-Fitnesspark in Stralau

 *Sporteln ist gut, Sporteln im Freien ist noch besser. Berlins Outdoor-Fitness-Anlagen laden zum Auspowern in der Natur ein. Ganz ohne Anmeldung, Gebühren oder Equipment. Der anstrengende Arbeitstag? Schnell vergessen.*

Wieso nicht mal die Jogging-Routine am Abend mit einer Runde Pumpen im Park aufwerten? Lohnt sich!

Joggen kann jeder. Aber wieso die Laufrunde nicht mit einer Trainingseinheit im Freien verbinden? Viele Jahrzehnte nach dem ersten Trimm-dich-Pfad sind Trainingsgeräte im Freien wieder total angesagt. Schließlich ist Krafttraining an der frischen Luft doppelt gesund. Mindestens.

Wenn man mal ehrlich ist, kann man mit Hingabe in einem Fitnessstudio zwar fit werden, aber im Großen und Ganzen fällt der absolute Wohlfühlaspekt weg: die Natur. Gerade deshalb trainiert es sich im Freien noch besser. Mit der Sonne im Nacken, dem Wind im Gesicht oder auch mal einem angenehm kühlenden Nieselregen auf der Nase. Auf den Anlagen gibt es meist alles, was man für ein komplettes Training benötigt. Oft gibt es neben einem hohen Parallelbarren auch Klimmzugstangen und Push-up-Bars. Von normalen

Kraftübungen bis Calisthenics sind viele Trainingsarten auf eigene Faust durchführbar. Die Kosten? Gleich null.

Und das Beste: Das nächste Fitnessgerät ist meist nicht weit. Nicht selten befinden sich solche Trainingslocations in Parkanlagen oder auch mitten im Wohngebiet – sowohl in Kreuzberg als auch in Mitte oder im Wedding. Eine besonders schöne findet man zum Beispiel auf der Engelwiese. Diese befindet sich auf der ruhigen Halbinsel Stralau, umgeben von Spree und Rummelsburger See.

Wo Friedrichshainer und Kreuzberger gerne spazieren gehen, lädt der variantenreiche Trainingspark zu einem kleinen Sport-Date mit sich selbst ein. In der Anlage ist genügend Platz, um sich richtig auszutoben. Was will man mehr nach einem vollgepackten Arbeits-

tag? Besonders beliebt ist der Calisthenics-Bereich, in dem man mit seinem eigenen Körpergewicht trainiert.

Hier treffen Klimmzüge, Liegestützen, *Squats* (Kniebeugen) und *Dips* (Barrenstütz) auf urbane Sportarten wie *Parkour* und *Freerunning*. Den Kombinationen an Übungen sind dabei keine Grenzen gesetzt.

Genug ausgepowert zum Feierabend? Keine Sorge, die nächste Relaxzone für die Entspannung nach dem Training ist nicht weit. Im Gegenteil, sie liegt direkt vor der Nase. Die Halbinsel Stralau und die Rummelsburger Bucht halten gerade zur blauen Stunde ein paar ganz besondere Ausblicke parat. Wenn der Himmel rosafarben leuchtet, schmerzen die gestressten Muskeln gleich ein ganz kleines bisschen weniger. Versprochen!

FAZIT: SPORTELN UNTER FREIEM HIMMEL – IMMER KOSTENLOS, ABER NIE UMSONST.

Hin & weg: Mit der S-Bahn zum Bahnhof Ostkreuz oder Treptower Park, dann zu Fuß weiter zur Engelwiese.

Beste Zeit: Auspowern zum Sonnenuntergang? Nichts besser als das.

Dauer: Je nach Belieben zwischen 10 Min. und 2 Std.

Ausrüstung: Der eigene Körper reicht hier vollkommen aus.

PADDELN MIT AUSSICHT

⋝ … in der Rummelsburger Bucht in Friedrichshain ⋜

Wer sagt, dass man die Stimmung zum Sonnenuntergang nur auf Reisen genießen kann, der unterschätzt das Feierabend-Potenzial der Hauptstadt. Denn selbst im Herzen Berlins geht das ziemlich gut – sogar vom Wasser aus, zum Beispiel auf einem Paddelbrett stehend.

Es ist nie zu spät, um noch einmal etwas ganz Neues zu erlernen.

Wo ist es in einer 3,8-Millionenstadt am ruhigsten? Die Antwort ist einfach: auf dem Wasser! Nämlich genau dann, wenn die einzigen Geräusche von der seichten Wasseroberfläche kommen, durch die ein Paddel, ein Boot oder ein Kanu gleiten.

Wassersport ist cool. Das beweist nicht nur die neueste Trendsportart *Stand up Paddling* bzw. Stehpaddeln, oder kurz SUP, die in den letzten Jahren immer beliebter wurde. Auch andere sportliche Aktivitäten auf dem Wasser stehen immer häufiger auf Trainings- oder Freizeitplänen von Groß- und Kleinstädtern.

Kein Wunder, denn allein der Blick auf das Wasser beruhigt, bringt den Puls nach unten und lässt einen tief durchatmen – und das ist sogar wissenschaftlich bewiesen. Eine psychologische Studie hat gezeigt, dass das Wasser als Element eine beruhigende Wirkung auf den Menschen hat.

In Berlin kann man viele Wassersportarten sehr gut an der Rummelsburger Bucht erleben und vor allem selbst ausprobieren. Besonders zum Abend hin ist dieses Fleckchen herrlich romantisch. Dann färbt sich nämlich der Himmel so langsam in ein zartes Rosé und lässt den Fernsehturm, der hinter den Bäumen der Bucht gut zu erkennen ist, hell leuchten.

Eigentlich heißt die Rummelsburger Bucht, die eine Spreebucht ist, übrigens Rummelsburger See und wird RmS abgekürzt. Mit ihren 1,6 Kilometern Länge ist sie nicht nur der perfekte Ort, um am Abend auf dem Wasser aktiv zu werden, sondern auch zum Joggen, Spazierengehen oder einfach nur für ein Picknick in schöner Natur. Wer die Bucht noch besser

Diese Bilder sind der klare Beweis dafür, dass Wasser beruhigt.

kennenlernen möchte, kann eine Runde auf der Halbinsel Stralau (Eskapade #9) drehen und dabei die Insel Kratzbruch und die Liebesinsel aus der Ferne bestaunen.

Für alle, die Lust haben, zum Feierabend zwar aktiv zu sein, aber dennoch einen malerisch schönen Tagesausklang genießen wollen, ist eine Runde SUP auf der Rummelsburger Bucht absolut zu empfehlen. Hier findet man sowohl Kurse als auch geführte Touren auf dem SUP – von Anfängerkursen über eine zweistündige Tour zum Sonnenuntergang bis hin zu SUP-Fitness und sogar SUP-Yoga.

Wer lieber entspannt auf dem Wasser sein will, kann sich auch ein Tret- oder Paddelboot leihen. Selbst Segelklassen kann man in der Rummelsburger Bucht nehmen. Na, wer hat jetzt Lust auf dem Wasser herumzuschippern?

FAZIT: EIN SONNENUNTERGANG AUF DEM WASSER MIT AUSBLICK – SCHÖNER KANN EIN FEIERABEND NICHT AUSKLINGEN!

Hin & weg: Mit der S-Bahn bis zum Ostkreuz oder Nöldnerplatz fahren. Von dort sind es nur ein paar Minuten zu Fuß.

Beste Zeit: April bis Oktober.

Dauer: Ab 1 Std.

Ausrüstung: Ein SUP-Board und ein Paddel gibt es bei der Segelschule Pura Vida (www.segelschule-rummelsburg.de) gegen Gebühr zu leihen. Kajaks und Tretboote können auch bei Ahoi Ostkreuz (www.ahoi-ostkreuz.de) gemietet werden.

STAMM-TISCH-RUNDE

 ... im Kreuzberger Park am Gleisdreieck

Wie Schulkinder um eine Tischtennis-platte rennen und möglichst elegant einen kleinen Ball übers Netz bugsieren. Es wird Zeit, die Tischtennisschläger aus dem Keller zu holen und endlich mal wieder das Kind in sich zu wecken.

Beim Tischtennis im Freien darf jeder mitspielen – eine Anmeldung ist nicht erforderlich.

Es gibt Dinge, die einfach immer Spaß machen. Tischtennis gehört dazu. Nur leider macht man es viel zu selten. Früher, da gab es richtige Tischtennisturniere, bei denen man wie wild um eine Tischtennisplatte gerannt ist, um gerade noch zum richtigen Zeitpunkt den kleinen Ball zu erwischen.

Schon gewusst? Tischtennis wurde bereits Ende des 19. Jahrhunderts in England erfunden. Damals ließ hauptsächlich der Adel die kleinen leichten Bälle über das Netz hüpfen. Dennoch galt Tischtennis schon immer als unterhaltsame Sportart, die man am allerbesten gemeinsam ausübt. Und genau das schwappte auch von England nach Deutschland über. So wurde schon 1899 die 1. Berliner Tennis- und Ping-Pong-Gesellschaft gegründet und 1900 das erste Ping-Pong-Café am Viktoria-Luise-Platz in der Hauptstadt eröffnet. Zwar gibt

es das Etablissement heute nicht mehr, der Begeisterung für Tischtennis ist Berlin jedoch treu geblieben. Das sahen die Köpfe hinter Berlins (fast) neuestem Parkprojekt auch so: im Park am Gleisdreieck, der erst 2010 komplett umgebaut wurde. Über 31,5 Hektar hinweg erstreckt sich heute eine Grünfläche auf einem Bereich, der jahrelang völlig verwaist war. Mittlerweile kann man hier auf den früheren Bahnbrachen des Anhalter und des Potsdamer Güterbahnhofs, die sich vom Landwehrkanal über die Yorckstraße bis zur Monumentenbrücke ziehen, Fußball spielen, picknicken, Kaffee trinken und – natürlich – Tischtennis spielen.

Am besten geht das an den Tischtennisplatten auf den Schöneberger Wiesen. Diese liegen direkt am Eingang Kurfürstenstraße und befinden sich unter großen Bäumen, die auch an den letzten lauen Sommerabenden noch

ein wenig Schatten spenden. Achtung, denn manchmal kann es hier zu längeren Wartezeiten kommen. All das ist aber kein Problem, weil man sich währenddessen schon mal ein paar professionelle Bewegungen abschauen und potenzielle Teampartner finden kann.

Tischtennis kann man übrigens nicht nur zu zweit, sondern auch in einer großen Runde spielen. Wie wäre es also mit einem kleinen Ausflug mit Kollegen zum Feierabend?

Tipp: Weitere Tischtennisplatten findet man außerdem am Eingang Lützowstraße und in der Möckernstraße (Höhe Hornstraße und Wartenburgstraße). Andere schöne Orte für Tischtennis in Berlin sind der Volkspark Friedrichshain, der Schlesische Busch in Treptow, der Monbijoupark in Mitte und der Landwehrkanal (Ratiborstraße 14a).

Hin & weg: Mit der U7 bis Yorckstraße oder mit der U6 bis Mehringdamm.

Beste Zeit: Ganzjährig, solange die Hände mitmachen. Aber wie wär's zum Beispiel in den letzten Sommersonnenstrahlen?

Dauer: Solange Lust und Laune da sind.

Ausrüstung: Tischtennisschläger und -bälle.

10 000 SCHRITTE INS GLÜCK

⇒ ... auf der Halbinsel Stralau ⇐

 *Man sagt, es brauche 10 000 Schritte am Tag, um gesund, glücklich und vor allem aktiv zu bleiben. Gar nicht mal so einfach an vollgepackten Arbeitstagen. Doch bei diesem Rundweg wird man auch zum Feierabend nochmal richtig aktiv.*

#Inselglück #10 000Schritte #FeierabendWalk

Mit Kränen am Horizont, geht es auf der Halbinsel Stralau in Friedrichshain immer am Wasser entlang.

Mal ehrlich, wie viele Schritte schafft man eigentlich so am Tag? Der Durchschnitt liegt tatsächlich bei rund 1000 Schritten, die man in einem normalen Bürojob täglich zurücklegt – und das ist ziemlich weit weg vom empfohlenen Tagessoll.

Wer die Schrittsumme trotzdem erfüllen möchte, der sollte sich ein festes Ziel vornehmen, wie zum Beispiel einmal um die idyllische Halbinsel Stralau herumzuspazieren. Hier kann man auf einer Fläche von 1,12 Quadratkilometern nicht nur eine Menge Schritte sammeln, sondern den sonst so turbulenten Bezirk Friedrichshain-Kreuzberg von seiner ruhigsten Seite kennenlernen und dabei dem Wasser so nah sein, wie man es sonst kaum sein kann.

Von oben sieht die Halbinsel Stralau aus wie eine Zunge, die sich auf komische Art und Weise zwischen die Spree im Süden und den Rummelsburger See im Norden gedrückt hat. Und von unten wirkt sie wie eine kleine Oase, in der die Zeit etwa um 1900 stehen geblieben ist. Bis heute konnte Stralau ihre Ruhe und Idylle bewahren.

Den sportlichen Rundgang zum Feierabend startet man am besten in Höhe der Grundstücke Stralau 13 bis 24. Hier wohnten einst Fischerfamilien, die bereits im 13. Jahrhundert die Ansiedlung auf der Halbinsel überhaupt

ins Rollen gebracht haben. Von hier aus geht es weiter in Richtung Spitze der Halbinsel, vorbei an der Karl-Marx-Erinnerungsstätte, die an den Kuraufenthalt des Philosophen im Jahr 1837 erinnert. Schritte bis hier her: circa 200 – es geht also weiter.

Immer dem Caroline-Tübbecke-Ufer folgend und damit direkt am Wasser, sieht man nach etwa 650 Metern bereits den Friedhof von Stralau mit seiner hübschen Dorfkirche, die übrigens zu den ältesten Kirchen in ganz Berlin gehört. Sie wurde zwischen 1459 und 1464 im gotischen Stil erbaut. Bei einem kleinen Schlenker über den Friedhof kann man vielleicht auch noch die Namen früherer Fischerfamilien erkennen, die einst auf der Halbinsel lebten. Ansonsten ist vor allem der Blick auf die andere Seite des Ufers schön, wo man bereits die vielen Ausflugsschiffe der Reederei-

Vermutlich einer der idyllischsten Mini-Friedhöfe in ganz Berlin liegt auf der Halbinsel Stralau.

en im Treptower Park erkennen kann. Weiter geht es von hier aus zur Spitze der Halbinsel Stralau und damit zum Schwemmsandgebiet »Schwanenberg«. Wer will, kann hier einen kleinen Stopp auf einer der Bänke einlegen und den Blick über die Berliner Wasserlandschaft bis hin zur Insel der Jugend (Eskapade #32) genießen.

Doch bis hierhin ist die Gesamtsumme an Schritten noch nicht geschafft. Es geht weiter zur Hansa-Werft, zum Speicher der ehemaligen Palmkernöl- und Schwefelkohlenstofffabrik Rengert und Co. und zum Flaschenturm (Krachtstraße 9/10) der Engelhardt-Brauerei, die auf der Insel Stralau in den 1930er-Jahren Bier braute. Kaum zu glauben, dass hier einst bis zu 300 000 Flaschen am Tag abgefüllt wurden. Kleine Stopps bieten die jeweiligen Infotafeln, die sich vor den einzelnen Gebäuden befinden.

Ab jetzt gilt: Endspurt! Für das Finale fehlt nur noch ein kleiner Abstecher zum Goldenen Haus (Stralau 52–53), in dem von 1983 bis 1990 die Entwicklung und Verwaltung des VEB Kosmetik-Kombinats ansässig war, und zur Glashütte (Stralau 63–67), die über 100 Jahre in Betrieb war.

Geschafft: Nach etwa fünf Kilometern müssten knapp 10 000 Schritte auf dem Zähler sein. Für heute ist das Soll erreicht und die Gesundheit angekurbelt.

> **FAZIT: EIN PAAR SCHRITTE ZUM FEIERABEND UND EIN GANZ GROßER SCHRITT FÜR DIE EIGENE GESUNDHEIT.**

Hin & weg: Mit der S-Bahn zum Ostkreuz oder Treptower Park fahren und den Rest zu Fuß laufen.

Beste Zeit: Ganzjährig ein toller Spaziergang, aber besonders leicht kommt man im Sommer auf die gewünschte Schrittzahl.

Dauer & Strecke: 5 km, ca. 1,5 Std.

Ausrüstung: Bequeme Kleidung und Schuhe.

Übrigens: GPX-Download auf Seite 229.

EINE RUHIGE KUGEL SCHIEBEN

≥ ... am Paul-Lincke-Ufer in Kreuzberg ≤

#10

Manchmal liegt das Urlaubsgefühl direkt vor der eigenen Haustür. In diesem Fall sind es ein paar silberne Kugeln auf einem echt französischen Bouleplatz mitten in Kreuzberg und direkt am Wasser. Oh, là, là!

Was haben silberne Kugeln, ein leicht sandiger Platz und ein gebannter Blick in die Ferne gemeinsam? Richtig. Sie verkörpern französisches Lebensgefühl in Form eines wunderbaren Spiels: Boule.

Tatsächlich stammt das Spiel aus der französischen Stadt Lyon. Deswegen spricht man häufig auch von Boule Lyonnaise. Dabei geht es darum, die eigenen Kugeln möglichst nah an eine Zielkugel, das Schweinchen, zu werfen. Meist spielen dabei zwei Mannschaften gegeneinander. Für eine Partie muss man aber nicht gleich nach Frankreich fahren. Mittlerweile gibt es in Berlin nämlich einige offizielle Boule-Anlagen, an denen französisches Flair ohne Ende verbreitet wird. Die schönste liegt dabei direkt am Landwehrkanal in Kreuzberg. Hier klackern bis spät in die Nacht die Kugeln aneinander. Und das ist auch verständlich, denn die Anlage liegt so herrlich idyllisch, dass man gar nicht mehr gehen möchte.

Insgesamt gibt es hier sechs Felder, die hübsch angelegt direkt zwischen der Forster und der Liegnitzer Straße am Kreuzberger Kanalufer liegen. Besonders schön ist, dass man hier auch als Nicht-Spieler auf der Ufermauer sitzen und das Spiel beobachten kann. Währenddessen schippern andere in Schlauchbooten den Kanal entlang und wieder andere lassen es sich auf der Wiese am Ufer in der Feierabendsonne gut gehen.

Tipp: Entspannt lässt sich der Feierabend mit einem Aperol Spritz einläuten, den es in der Bar La Maison am Paul-Lincke-Ufer 17 zum Mitnehmen gibt. Also schnell ein Getränk schnappen, Platz auf der Ufermauer sichern und dem bunten Treiben zuschauen. *Santé!*

![Boule wird gespielt]

Boule ist etwas für alle, die es genau nehmen, denn der Abstand zum »Schweinchen« muss detailliert ausgemessen werden.

Übrigens: Boule wird mittlerweile nicht mehr nur am Paul-Lincke-Ufer gespielt. Auch im Bezirk Prenzlauer Berg gibt es eine hübsche Spielanlage in der Rykestraße. Wer hier genau hinschaut, entdeckt Berlins einzige Bouleskulptur. Außerdem ist der Platz im Mauerpark sehr zu empfehlen. Hier trifft man sich schon seit knapp 20 Jahren zum gemeinsamen Spielen.

Auch in der City-West wird Boule gespielt und zwar zum Beispiel rund um den goldenen Hirschbrunnen am Rathaus Schöneberg im Rudolph-Wilde-Park. Historisch wird es auf dem Kiesweg hin zum Charlottenburger Schloss. Denn hier wird bereits seit den 1960er-Jahren eine ruhige Kugel geschoben.

Was jetzt noch fehlt? Ein paar Kugeln, ein paar Freunde und Lust darauf, es selbst einmal zu versuchen. *Bonne chance!*

FAZIT: HIER FÜHLT MAN SICH WIE GOTT IN FRANKREICH. ABER SO RICHTIG!

Hin & weg: Am einfachsten erreicht man den Boule-Platz am Landwehrkanal (zwischen Foster und Liegenitzer Straße gelegen) vom U-Bahnhof Schönleinstraße oder Görlitzer Park aus.

Beste Zeit: An lauen Sommerabenden.

Dauer: Ein geselliger Abend für das französische Lebensgefühl.

Ausrüstung: Boule-Kugeln und gute Laune.

ALLES IM GRIFF

≥ ... im Prenzlauer Berg ≤

#11

Klettern bringt den Puls in Schwung und erweitert den Horizont – im wahrsten Sinne des Wortes. Berlin hat gleich mehrere Möglichkeiten für eine kleine Kletteraktion samt Ausblick. Eine davon ist die Schwedter Nordwand im Prenzlauer Berg.

Der perfekte Ort, um ans Limit zu gehen – und das sogar mit Aussicht.

Die Schwedter Nordwand liegt mitten im Prenzlauer Berg und bietet Action-Hungrigen eine gehörige Portion Feierabendadrenalin. Auf rund 275 Quadratmetern Kletterfläche wartet ein zweiteiliger Kletterturm aus Beton mit einer großen 15 Meter hohen und fünf Meter breiten Stele mit vier Grad Neigung. Daneben gibt es eine kleine Stele, die sieben Meter hoch und sieben Meter breit ist. Was Kletterfans hier besonders gefällt, ist die strukturierte und modellierte Oberfläche, die einen fast natürlichen Felscharakter hat. Na, Lust auf ein kleines Feierabend-Workout? Da ist man hier nicht allein.

Allabendlich geht es hier, mitten in der Stadt, Klettergriff für Klettergriff hoch hinaus. Während sich der eine an der Wand versucht, sichern die anderen ab oder feuern mit voller Inbrunst von unten an. Denn Klettern ist seit jeher nicht nur eine Aktivität, die Spaß macht, sondern auch ein absoluter Teamsport.

Die von der AlpinClub Berlin e. V., Sektion des Deutschen Alpenvereins (DAV), betriebene Kletterwand ist frei zugänglich und kann rund um die Uhr benutzt werden. Kletter-Equipment muss sich allerdings jeder selbst mitbringen oder ausleihen.

Was die Anlage so beliebt macht, ist die besondere Lage gegenüber der Ecke Schwedter Straße / Kopenhagener Straße und damit direkt an der hübschen Fußgängerbrücke Schwedter Steig. Sie führt über die Gleise der Berliner S-Bahn und macht das Oben-Ankommen zu einem, sogar für Berlin, einzigartigen Highlight. Gerade zum Sonnenuntergang strahlt das Gleisbett eine ganz besondere Eisenbahnromantik aus. Was für eine Belohnung für den

Keine Sorge, beim Klettern ist man immer bestens abgesichert.

gelungenen Aufstieg. Natürlich ganz abgesehen vom Applaus weiter unten.

Kein Wunder also, dass die Willenskraft bei großen wie auch bei kleinen Kletterern hier noch größer ist als auf anderen Berliner Klettertürmen. Davon gibt es aber trotzdem noch zahlreiche weitere. Zu den beliebtesten Kletteranlagen gehört der Kletterturm Teufelsberg, eine der ältesten künstlichen Kletteranlagen in Deutschland. Auch die Bunkerwand im Humboldthain hat unter Berliner Kletterern Tradition. Die Nord-West-Seite des sogenannten Flakbunkers überlebte eine Sprengung nur wegen der nahe vorbeiführenden S-Bahn und blieb bis heute erhalten.

Tipp: Weitere Kletteranlagen stehen auf der Website www.dav-berlin.de. Auch die jeweiligen Benutzungsordnungen sind dort einsehbar.

FAZIT: EIN KLETTERABENTEUER ZUM FEIERABEND FÜR BESONDERS AGILE KLEINE KRAFTPAKETE.

Hin & weg: Mit der S-Bahn zum Bahnhof Bornholmer Straße, dann 600 m zu Fuß zum Nordende der Schwedter Straße (im Mauerpark).

Beste Zeit: Pünktlich zu den letzten warmen Strahlen des Tages. Am liebsten an langen Sommerabenden.

Dauer: 1–3 Std. mit Pausen.

Ausrüstung: Kletterausrüstung gilt es mitzubringen.

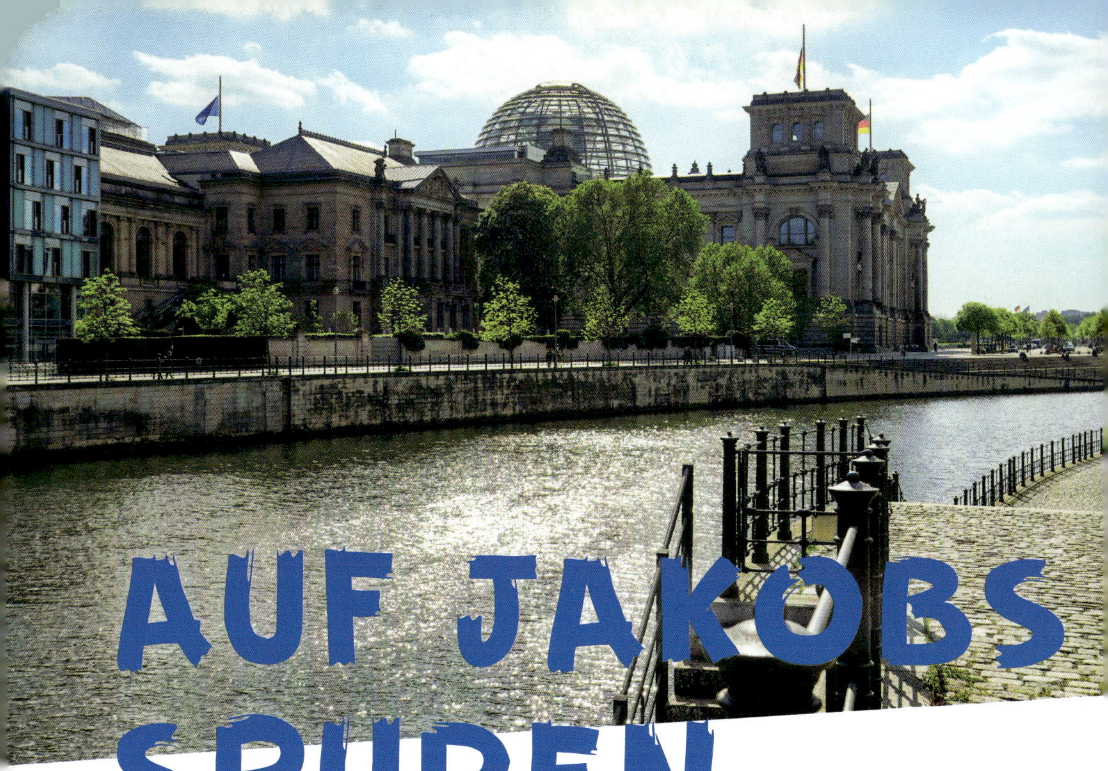

AUF JAKOBS SPUREN

… von Moabit bis nach Pankow

#12

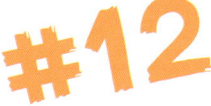

Dass der Jakobsweg auch durch die Metropole Berlin verläuft, das wissen die wenigsten. Grund genug, den berühmten Pilgerweg mal vor der Haustür kennenzulernen, nämlich auf einem Abschnitt vom Zentrum Berlins bis in den Norden.

#JakobsweginBerlin #PilgernfürAnfänger #abindenNorden

Der 12 Hektar große Bürgerpark
Pankow wurde im 19. Jahrhundert als Landsitz errichtet.

Im Jahr 2019 machten sich knapp 330 000 Pilger auf, den Jakobsweg in Richtung Santiago de Compostela in Spanien zu bestreiten. Doch so weit muss man gar nicht gehen, um ein Stückchen von dem weltweit berühmtesten Pilgerweg mitzubekommen. Denn auch durch die Hauptstadt führt eine Route des Weges, die Via Imperii, die man gut an einem verlängerten und vor allem sportlichen Feierabend unter der Woche erleben kann.

Perfekt ist dafür der Abschnitt von Moabit bis nach Pankow, der auch Teil des Nord-Süd-Weges beziehungsweise des Grünen Hauptweges Nummer 5 ist. Dieser erstreckt sich eigentlich über eine Länge von knapp 40 Kilometern. Die Grünen Hauptwege hat die Senatsverwaltung für Stadtentwicklung und Umwelt einst festgelegt. Ziel dieser Wege ist es, Wohngebiete mit Erholungsmöglichkeiten, Parkanlagen und Naherholungsgebieten von Berlin und Brandenburg zu verknüpfen. Wer einen ganzen Tag frei zur Verfügung hat, kann sich natürlich auch die kompletten 40 Kilometer vornehmen. Ansonsten führt ein schöner Streckenabschnitt vom Moabiter Werder bis nach Pankow-Heinersdorf.

Für die Feierabend-Wanderung auf dem Jakobsweg startet man am besten in der Wohnsiedlung im Moabiter Werder und folgt der Spree bis zur Lutherbrücke. Einmal über die

Brücke gelaufen, geht es vorbei am hübschen Schloss Bellevue und direkt in den Tiergarten. Wer will, kann hier einmal komplett durch den Park schlendern oder parallel dazu der Straße des 17. Juni folgen und dabei das Sowjetische Ehrenmal passieren. So oder so landet man am Ende dieses Abschnitts am Brandenburger Tor.

Weiter geht es zur Marschallbrücke, über die Spree mit Blick auf die moderne Architektur des Regierungsviertels und dann rechts den Schiffbauerdamm am Spreeufer entlang bis zum berühmten Berliner Ensemble, das 1949 von Bertolt Brecht gegründet wurde.

Der Weg führt weiter durch die kleinen Gassen des hübschen Viertels rechts von der Friedrichstraße in Richtung Bundesnachrichtendienst in der Chausseestrasse 96. Das ar-

Der Jakobsweg führt mitten durch Berlin und hinein in die schönsten Parks von Pankow.

chitektonisch eindrucksvolle Gebäude wurde vom Büro kleihues+kleihues entworfen und ist mit seinen 135 000 Quadratmetern nach dem Flughafen Berlin-Tempelhof das zweitgrößte Gebäude der Hauptstadt.

Ab hier ist die Streckenführung einfach, denn man folgt zunächst dem kleinen Fluss Panke und ist kurz nach dem Berliner Bezirk Wedding und der S-Bahnunterführung in Pankow schon mitten im Bürgerpark Pankow. Wer hier einen kurzen Stopp machen möchte, sollte unbedingt einen Abstecher zum Café und Biergarten Rosenstein machen. Doch das Ende der kleinen Wanderung ist noch nicht erreicht.

Denn nun durchquert man einmal den Bürgerpark über die Ossietzkystraße und landet direkt im nächsten Park, nämlich im Schlosspark Pankow. In dem sollte man auf keinen Fall das Barockschloss Schönhausen, das einst die Sommerresidenz der Königin Elisabeth Christine von Preußen war, verpassen.

Jetzt geht es in den Endspurt, denn von hier läuft man quer durch den Park, über die Schloßallee zur Pasewalker Straße und letztlich zum S-Bahnhof Pankow-Heinersdorf.

Übrigens gibt es seit Kurzem sogar einen offiziellen Pilgerstempel für den Berliner Jakobsweg, und zwar an der Königin-Luise-Gedächtniskirche. Wer die beschriebene Tour genau anders herum macht, kann sich am Ende noch den offiziellen Pilgerstempel abholen.

FAZIT: WANDERN UND PILGERN GEHT AUCH VOR DER HAUSTÜR GUT.

Hin & weg: Los geht es am S-Bahnhof Bellevue, zurück ist es am einfachsten vom S-Bahnhof Pankow-Heinersdorf aus.

Beste Zeit: Frühling und Sommer.

Dauer & Strecke: 15 km, ca. 3 Std. reine Wanderzeit.

Ausrüstung: Gute Schuhe, passende Kleidung und ein wenig Proviant.

Übrigens: GPX-Download auf Seite 229.

EIN HIMMEL VOLLER DRACHEN

⊰ ... über Marzahn ⊱

#13 *Drachensteigen ist nur was für Kinder? Von wegen! Für alle, die vom Alltag mal so richtig abschalten wollen, gibt es kaum etwas Besseres. Auf den Ahrensfelder Bergen in Marzahn-Hellersdorf heißt es allabendlich: Leine spannen, losrennen und ab dafür.*

Wer zum Sonnenuntergang kommt, wird Berlin von seiner allerschönsten Seite bewundern können. Kamera nicht vergessen!

Drachenspots in und um Berlin gibt es reichlich: ob auf dem Tempelhofer Feld, dem Drachenberg am Teufelsberg oder der Wiese vor dem Reichstag. Ein kleiner Geheimtipp hingegen sind die Ahrensfelder Berge, die höchsten Erhebungen im nordöstlichen Berliner Bezirk Marzahn-Hellersdorf und die vierthöchsten in ganz Berlin.

Vom S-Bahnhof Ahrensfelde geht es mit dem Bus 197 oder X69 bis zur Haltestelle Blumberger Damm/Mehrower Allee. Jetzt sind es nur noch etwa zehn Minuten Fußweg bis zum Ahrensfelder Damm – und damit zu einer der ohnehin wenigen Erhöhungen im Berliner Stadtgebiet. Kleiner Tipp für die Anreise: Im Notfall einfach den Drachen folgen, die den Himmel unsicher machen. Diese Gegend ist nicht zuletzt deshalb bei Ausflüglern so beliebt, weil sie einen atemberaubenden Ausblick auf die Umgebung bietet. Mit den Hochhaussiedlungen zu ihren Füßen sind die Ahrensfelder Berge zu richtigen Aussichtspunkten geworden, die sowohl den Blick Richtung Innenstadt als auch in Richtung Brandenburg freigeben.

Grund für die Entstehung war nicht etwa ein Müllberg, wie es bei vielen anderen Erhebungen Berlins der Fall ist, sondern die letzte Eiszeit. In dieser bildeten sich die Ahrensfelder Berge als sogenannte Oser, also als dammartig aufgetürmte Wälle aus Lockersedimenten. Zugegeben, von 1981 bis 1991 wurden die Ahrensfelder Berge während der Bebauung der Gebiete Marzahn, Hellersdorf und Hohenschönhausen auch als Bauschuttkippe genutzt, und von den in der DDR stationierten Truppen der Roten Armee auch zur Müllentsorgung. Der Berg wuchs und wuchs – zur Freude der Drachenflieger-Freunde.

Nach der Schließung der Bauschuttdeponie 1991 begann die Umgestaltung zum heutigen Landschaftspark. Mit 114,5 Metern ist der westliche Gipfel der Ahrensfelder Berge zurzeit die höchste Erhebung im Bezirk Marzahn-Hellersdorf. Genau hier befindet sich ein beliebter Drachenspot. Die nächsten Bäume sind weit genug entfernt, Strommasten oder Hochspannungsleitungen gibt es in nächster Nähe keine und auch auf Bahnschienen muss man keine Rücksicht nehmen. Der Herbst ist da, die Blätter färben sich bunt und der Wind wird stärker? Perfekte Voraussetzungen, um seinen Drachen mal so richtig in die Luft gehen zu lassen.

Und da Drachensteigenlassen nur Spaß macht, wenn jemand zuschaut, ist es völlig okay, nicht selbst aktiv zu werden. Daher der Tipp für alle Faulenzer: Decke auf die Wiese, Getränk in die Hand und die Augen gen Himmel.

FAZIT: DRACHEN STEIGEN LASSEN ODER DABEI ZUSEHEN, BEIDES GLEICH SCHÖN!

Hin & weg: Mit der S7 zum S-Bahnhof Ahrensfelde und weiter mit dem Bus 197/X69 bis Blumberger Damm/Mehrower Allee.

Beste Zeit: Zum Sonnenuntergang im Herbst ist die Stimmung besonders schön.

Dauer: 1–3 Std.

Ausrüstung: Einen Drachen, Snacks und Getränke.

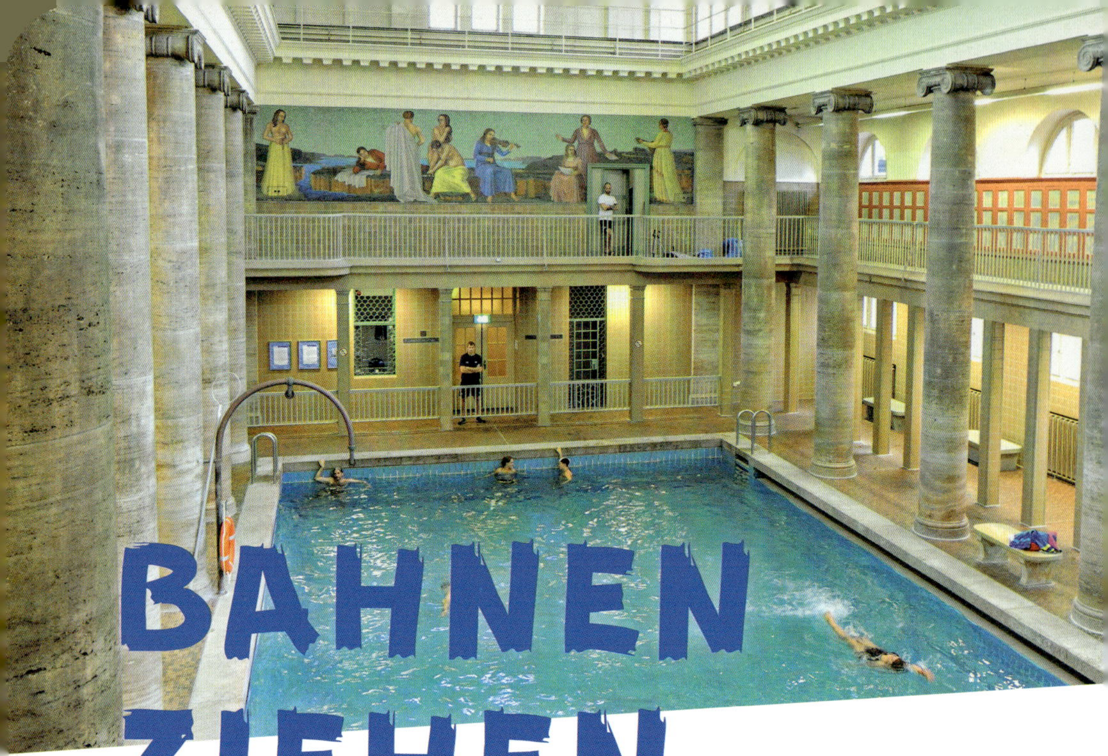

BAHNEN ZIEHEN

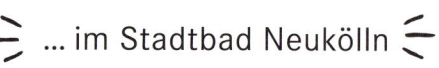

... im Stadtbad Neukölln

#14

Schwimmen ist gesund und tut gut. Vor allem dann, wenn die Kulisse abseits vom Beckenrand herrlich romantisch, historisch und ganz anders ist, als man es noch aus dem Schwimmunterricht kennt. Zeit, mal wieder abzutauchen.

#AbsprungvomBeckenrand #eineBahnnachderanderen #Delfinschwimmen

Das Stadtbad Neukölln gehört mit seinem neoklassizistischen Baustil zu den eindrucksvollsten Bädern in ganz Berlin.

Man sagt, Schwimmen sei der beste Sport für alle, die viel am Schreibtisch sitzen und über Rückenschmerzen klagen. Wieso nicht also direkt zum Feierabend ein paar Bahnen ziehen? Nach einem langen Tag im Büro, zu viel Zeit vor dem Rechner und vor allem viel zu wenig Bewegung, kann ein Stündchen im Wasser eine echte Wohltat sein. Ganz nebenbei macht man dabei nicht nur etwas gegen die eigenen Fettpölsterchen, sondern trainiert die Muskeln und macht vor allem den Kopf so richtig frei. Klingt nach einem Plan, oder?

Für viele hört das Schwimmen mit den letzten Sonnenstrahlen des Jahres auf. Schade, denn in Berlin gibt es so viele Möglichkeiten, auch ganz ohne schönes Wetter ins Wasser hüpfen zu können. Ganze 67 Bäder gibt es in der Hauptstadt, die jeder ohne eine Mitgliedschaft in einem Verein oder einem Club nutzen kann. Darunter befinden sich nicht nur ungemütliche Hallenbäder, die man noch aus den düsteren Schwimmstunden zu Schulzeiten kennt, sondern auch einige echte Perlen wie das Stadtbad Neukölln.

Auf den ersten Blick wirkt der Raum gar nicht wie ein Schwimmbad. Die Decke ist hoch, Säulen zieren die große Halle und lichtdurchlässige Deckenfenster fluten den Eingangsbereich mit Tageslicht. Ganz anders als der übliche Hallenbad-Look. Aber das Stadtbad Neukölln

Bei der Modernisierung in den 1980ern wurden beide Schwimmhallen im Stadtbad originalgetreu wiederhergestellt.

ist eben anders als die anderen Bäder, und das liegt vor allem an seiner Geschichte.

Das Stadtbad Neukölln wurde von dem Rixdorfer Stadtbaurat Reinhold Kiehl und dem Architekten Heinrich Best entworfen und 1914 eröffnet. Die beiden orientierten sich bei ihren Entwürfen am neoklassizistischen Baustil und versuchten außerdem das Körperliche mit dem Geistigen zu verbinden, indem sie neben der damaligen Volksbadeanstalt auch eine Volksbibliothek im Gebäude integrierten. Ihr Vorbild waren die antiken Thermen, und genau das kann man bis heute noch erkennen – am Atrium, am kleinen Brunnen von Bildhauer Richard Guhr, an den Wandelgängen und den kunstvollen Mosaiken.

Übrigens: Damals galt das Stadtbad Neukölln als eines der größten und vor allem modernsten Bäder Europas und konnte gleichzeitig bis zu 10 000 Besucher begrüßen.

Bis heute hat das Schwimmbad keinen Funken an Charme verloren. Dank aufwendiger Restaurierungsarbeiten wurden beide Schwimmhallen wieder originalgetreu aufbereitet und modernisiert. Das Gebäude steht mittlerweile unter Denkmalschutz. Gut so, denn so viel Geschichte muss beschützt werden.

Wer als Besucher in das Stadtbad Neukölln kommt, wird von dem Flair des Schwimmbads verzaubert sein. Und genau das lässt den inneren Schweinehund, der einen manchmal vom

Im Stadtbad Neukölln entdeckt man an jeder Ecke etwas Neues.

Sport zum Feierabend abhält, ganz von alleine verschwinden. Falls er doch hartnäckiger ist, dann reicht ein Gedanke an die Sauna, die sich ebenfalls im Stadtbad Neukölln befindet, und schon klappt es mit dem Sport am Abend.

Tipp: In Berlin gibt es einige Hallenbäder, die wunderschön erhalten wurden. So zum Beispiel die Schwimmhalle Charlottenburg, die das älteste Schwimmbad Berlins ist, oder das lichtdurchflutete Stadtbad Mitte »James Simon« mit seinen acht Meter hohen Fenstern. Wer Lust auf einen kleinen Ausflug hat, sollte mal das Stadtbad Spandau Nord testen, in dem es eine balkonartige Galerie und große Kugelleuchten gibt. Schwimmen in besonderem Ambiente – wer könnt da schon Nein sagen?

FAZIT: GUT FÜR DEN RÜCKEN, DEN KOPF UND NEBENBEI GIBT ES EINE MENGE ZU ENTDECKEN.

Hin & weg: Am einfachsten bis zum U-Bahnhof Karl-Marx-Straße und von dort zu Fuß bis zum Stadtbad.

Beste Zeit: Das ganze Jahr über. An einem schmuddelig kalten Herbst- oder Winterabend lockt ein warmes Bad noch mehr. Aktuelle Öffnungszeiten findet man auf der Website der Berliner Bäderbetriebe (www.berlinerbaeder.de).

Dauer: So viele Bahnen, wie der Rücken – und der Kopf – braucht.

Ausrüstung: Badesachen, Handtuch, Badelatschen und alles, was man zum Duschen benötigt.

PLAUDERN UND GENIEßEN

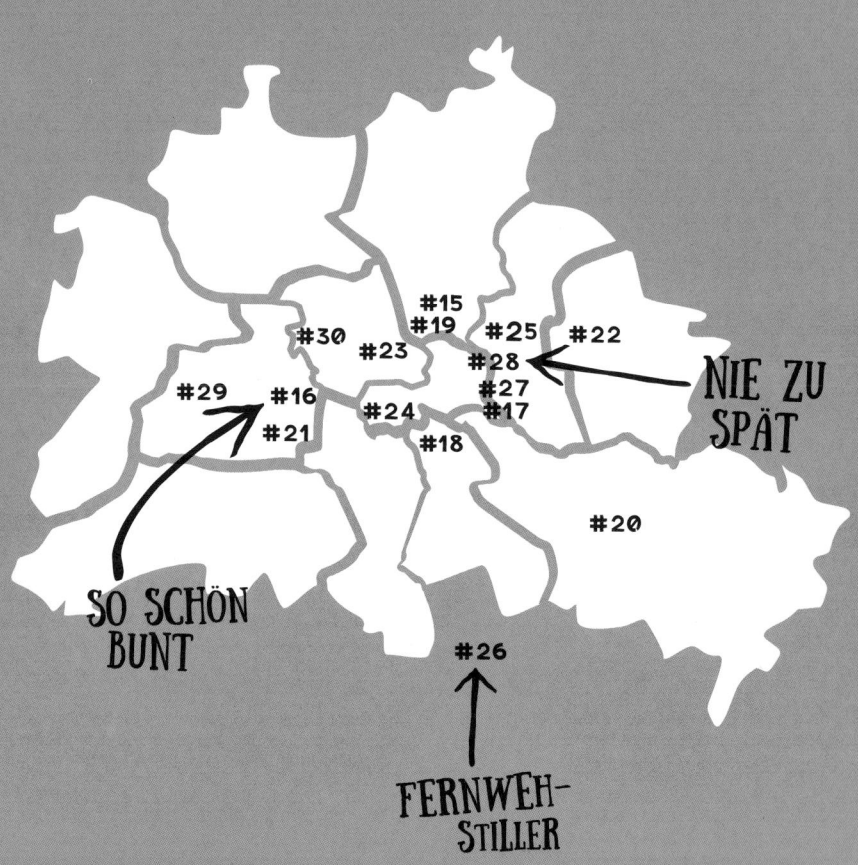

#15
#19
#30
#23
#25 #22
#28
#27
#17
#29 #16
#24
#21
#18

NIE ZU
SPÄT

#20

SO SCHÖN
BUNT

#26

FERNWEH-
STILLER

Den Tag Revue passieren lassen

Von den schönsten Dachterrassen über kleine Hügel und die endlose Weite der Gewässer in der Hauptstadt: Wer gesellig in den Feierabend starten will, findet in Berlin außergewöhnliche Orte mit Perspektivwechsel.

KIRSCH-BLÜTEN-TRÄUME

⇒ ... im Prenzlauer Berg ⇐

#15

Eindrucksvoll blühende Kirschbaumalleen gibt's nur in Japan? Von wegen. Mitten im Prenzlauer Berg verbirgt sich japanischer Blütencharme und lädt zu einem ganz besonderen Feierabendbummel – kleiner Geschichtsexkurs inklusive.

#Blütenrausch #Hanami #TrauminRosa #Mauerweg

Geschichte zum Anfassen: Unten blühen die Kirschbäume der Japaner, oben thront die historische Bösebrücke.

Wer nach der Arbeit mal so richtig abschalten will, muss nur zur Bösebrücke fahren. Das massive Bauwerk, das die Ortsteile Prenzlauer Berg und Gesundbrunnen verbindet, war von 1961 bis 1990 ein wichtiger Grenzübergang an der Berliner Mauer und erinnert am Platz des 9. November 1989 mit einer Bildergalerie und Mauerresten an die bewegende Geschichte.

Deadlines? Hat man in Windeseile vergessen. Das eigentliche Highlight der Bornholmer Straße verbirgt sich aber hinter der Brücke, oder vielmehr darunter. Und wer die Nasenspitze einmal gegen den Wind hält, kann ihn vielleicht schon riechen, den süßen Duft der Kirschblüte. Also nichts wie rein in die Kleingartenanlage hinter den von Graffitis geschmückten Mauerresten. Schon wenige Schritte weiter zweigt ein unscheinbarer Weg links ab und führt mitten ins grüne Idyll. Mit einem Mal wird es

ruhig. Der Lärm der Bornholmer Straße verstummt. Stattdessen hört man Heckenscheren schnappen und Kinder lachen.

Schon nach wenigen hundert Metern verlässt man die Schrebergärten genauso abrupt, wie man sie zuvor betreten hat, und steht plötzlich mitten auf der Kirschbaumallee und damit auf Berlins Antwort auf *sakura* – die japanische Kirschblüte.

Auf dem ehemaligen Mauerstreifen verläuft heute ein Teilstück des Berliner Mauerwegs mit einer kleinen Allee von Japanischen Zierkirschen. Am besten folgt man ihr erst nach rechts und macht dann irgendwann kehrt, um wieder zurück zur Bösebrücke zu schlendern. Die Kirschidylle verfehlt ihre Wirkung nicht. Mit einem Mal fährt der Puls runter, die Schritte werden langsamer, der Atem entschleunigt.

Übrigens, wer sich bei dem Anblick fragt, wie die Bäume hierhergekommen sind, wird überrascht sein. Gepflanzt hat sie nicht einfach die Stadt Berlin selbst, sondern ein japanischer Fernsehsender. Mit diesem Geschenk wollte er seiner Anteilnahme an den Ereignissen der deutschen Wiedervereinigung Ausdruck verleihen und für *sakura*-Flair mitten in Berlin sorgen. Was die Zierkirschen bezwecken sollten? Frieden und Ruhe in die Herzen der Berliner bringen. *Arigato gozaimasu*, liebe Japaner!

Hin & weg: Mit der S-Bahn zur Bornholmer Straße.

Beste Zeit: Blütezeit ist ab Mitte April für maximal vierzehn Tage.

Dauer & Strecke: 1,5–2 km zu Fuß. Mindestens eine Stunde sollte man einplanen.

Ausrüstung: Decke und ein Feierabendgetränk für den Hanami unter Kirschbäumen.

FAZIT: SCHÖNER WIRD'S NICHT – KIRSCHBLÜTENTRÄUME IN ROSAROT UND EIN ABSTECHER IN DIE GESCHICHTE BERLINS.

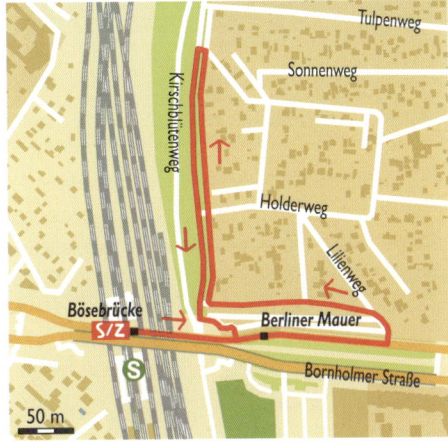

LA DEUTSCHE VITA

... auf dem Walter-Benjamin-Platz in Charlottenburg

#16

Ein kleines Stückchen Italien zum Feierabend genießen? Das klingt nach einem Traum. Wahr wird dieser zumindest für einen kurzen Moment unter den Regenschirmen am Walter-Benjamin-Platz in Charlottenburg.

Sitzen, gucken, nachdenken: Dem Namensgeber, Philosoph Walter Benjamin, hätte es hier sicher gefallen.

Beim ersten Schluck des Aperitifs vor dem kleinen Kiosk am Walter-Benjamin-Platz in Charlottenburg glaubt man kaum, welche Geschichte dieses Fleckchen Berlin mit sich bringt.

Im Zuge eines Architekturwettbewerbs wurde das Büro von Hans Kollhoff und Helga Timmermann im Jahr 1984 mit der Umgestaltung des Platzes beauftragt. Und genau diese beiden überlegten sich einen Entwurf, der die Anwohner der Gegend in Aufruhr versetzte, wodurch sich der Bau um mehr als zehn Jahre verzögerte. Letztendlich setzten sich die Architekten durch und errichteten ihre Version des Walter-Benjamin-Platzes inklusive zwei Achtgeschossern, computergesteuerten Wasserspielen, strengen Steinfassaden, Säulengängen mit Art-Déco-Lampen und, nun ja, einem einzigen Kastanienbaum. Übrigens: Der bekannte Architekt Hans Kollhoff hat einige Gebäude in der Hauptstadt entworfen, so zum Beispiel auch den Kollhoff-Tower am Potsdamer Platz. Der Masterplan für den Alexanderplatz stammt auch von ihm. Zugegeben, der Walter-Benjamin-Platz mag zunächst nicht allzu attraktiv wirken. Doch seit 2019 thronen hoch oben über dem Platz knallbunte Regenschirme, die die komplette Atmosphäre in etwas Zauberhaftes verwandeln. Denn sie bilden den perfekten Kontrast zu der sonst so kahlen und damit typisch neoklassizistischen Bauweise der Gebäude, die den Platz umrahmen.

Am besten beobachten kann man den Kontrast vom italienischen Restaurant Il Calice (www.enoiteca-il-calice.de) aus. Und mit einem Aperitif in der Hand kann man sich wunderbar in Reisestimmung bringen. Vielleicht wird man beim ersten Schluck des typisch italienischen Select Pilla Bitters ganz passend

Das perfekte Paar: Ein knalliger Aperol zu hübschen Art-Déco-Lampen im Säulengang des Walter-Benjamin-Platzes.

in die Straßen von Mailand, Neapel oder Rom katapultiert. Vielleicht mag die Aussicht den einen oder anderen aber auch an die typisch portugiesischen Kioske erinnern, die auf den kleinen, kuschligen Plätzen in Lissabon oder Porto stehen. Wieder andere mögen bei dem Anblick der bunten Regenschirme an Hintergassen des hippen Bezirks Karaköy in Istanbul denken. Wo auch immer man sich auf dem Walter-Benjamin-Platz hinträumt, es ist ganz sicher mit einer kleinen Anekdote einer Reise verbunden, die man sich hier, eingekastelt von Gebäuden und damit weitab vom Trubel des Kurfürstendamms, wunderbar erzählen kann. Und wem die Atmosphäre nicht reicht, um einen Funken Dolce Vita aufleben zu lassen, der wird spätestens beim ersten Klang von italienischem Pop wenigstens gedanklich den Walter-Benjamin-Platz mal kurz gegen die Piazza Navona in Rom tauschen.

FAZIT: OH, WIE HERRLICH KANN DOLCE VITA SEIN!

Hin & weg: Mit der U7 bis Adenauerplatz oder bis zum S-Bahnhof Savignyplatz.

Beste Zeit: Laue Sommerabende sind hier am allerschönsten.

Dauer: Für ein paar Stunden kann man es hier sicher aushalten.

Ausrüstung: Lust auf einen Aperitivo.

NAH AM WASSER GEBAUT

... entspannen in der Hafenküche in Lichtenberg

#17

Ein frisch gezapftes Bier genießen, sich in den Liegestuhl fläzen und die Sonne auf die Nasenspitze scheinen lassen – das alles geht wunderbar in der Hafenküche in chilliger Atmosphäre und mit Spreeblick.

#Wasseridylle #Spreeblick #Ruhepuls

Hafenflair ganz ohne Containerschiffe: Am Ufer der Hafenküche scheint der Feierabend endlos lang.

Die gediegene Hafenküche an der Rummelsburger Bucht ist ein kleines Ruhe-Refugium für gestresste Großstädter. Und sind nicht alle immer im Dauerstress? Eben. Also nichts wie hin!

Eigentlich eröffnete das Restaurant im Jahr 2011 als Kantine eines Berliner Busunternehmens. Doch schnell mauserte es sich zu einem echten Geheimtipp für saisonale und regionale Küche. Die gute Nachricht: Die Kantine gibt es heute immer noch.

Das Highlight der Hafenküche ist die besonders schöne Lage abseits der oft so vollen Berliner Hauptverkehrsadern. Hier am Wasser merkt man überhaupt nichts vom Trubel der Hauptstadt. Im Gegenteil, schon die Anschrift der Hafenküche lässt den Puls ein Stück runterfahren: Zur Alten Flussbadeanstalt 5. Da relaxt man doch gerne, oder?

Nur einen Katzensprung vom Ostkreuz und den Szenevierteln von Friedrichshain entfernt, findet man hier den perfekten Ort für einen entspannten Nachmittag oder Abend. Denn der maritime Charme lässt so manchen Besucher länger da bleiben als ursprünglich geplant. Keine Sorge, der Sonnenuntergang an der Bucht belohnt das Sitzfleisch.

Apropos Sitzen, das kann man besonders gut im hauseigenen Biergarten Hafenkante (jedes Jahr ab Ostern). Er ist mit einem riesigen und wahnsinnig fotogenen Sonnensegel überdacht und thront über dem Wasser. Noch gemütlicher sitzt es sich nur direkt am Ufer. Denn die Waterfront wartet mit kleinen Sitzecken auf, die einen herrlichen Blick auf den Bootsanleger bieten. Eine kleine Stärkung gefällig? Dann gibt es unter anderem frische Matjes- und Lachsbrötchen mit Blick aufs Wasser.

Nur eines muss man bei einem Besuch in der Hafenküche besonders im Auge behalten: die Uhrzeit. Denn nicht selten plätschert so mancher Abend genauso sachte dahin wie das Wasser in der Bucht. Aber das ist, frei nach Wowereit, ja auch gut so.

Tipp für alle, die noch nicht genug haben und sich ein wenig auspowern wollen: Einfach die Insel Stralau entlangspazieren (Eskapade #9), das Wasser vom SUP aus erkunden oder in der Ostbloc Boulderhalle gleich nebenan ein paar Griffe üben.

Alternativ liegen vor der Terrasse schnuckelige Boote mit hübschen Namen wie Fee, Heli oder Mascha vor Anker. Ausleihen kann man sie auf www.spreeboote.de – auf Wunsch sogar bestückt mit einer Grillbox für den Feierabend. Na dann, ahoi!

FAZIT: MARITIMES FLAIR MITTEN IN BERLIN – DIT JEHÖRT OCH DAZU.

Hin & weg: Vom S-Bahnhof Rummelsburg ca. 25 Min. zu Fuß oder mit der Tram 21 zur Gustav-Holzmann-Straße und dann 6 Min. zu Fuß weiter Zur Alten Flussbadeanstalt 5.

Beste Zeit: Frühling und Sommer.

Dauer: Ein, zwei, drei ... Getränke. Ehe man sich versieht, ist auch schon mal ein ganzer Nachmittag vergangen.

Ausrüstung: Sonnenbrille und Badekleidung für den Bootsausflug.

ÜBER DEN DINGEN

... in Berlins Rooftop-Bars

#18

Eine Stadt von oben zu sehen hat etwas Befreiendes. Dann wirkt plötzlich alles klein und übersichtlich und so, als wäre man der stille Beobachter von buntem Treiben. In Berlin funktioniert das sehr gut, denn Dachterrassen gibt es hier einige.

Großstadtlärm aus, Kreativität an – hoch über der Stadt im Klunkerkranich.

Berge gibt es in Berlin keine. Und auch die Anzahl der Hochhäuser hält sich (noch) in Grenzen. Dennoch gibt es Orte, von denen man eine wunderbare Aussicht über die Hauptstadt hat. Orte, die zeigen, wie groß die Stadt wirklich ist. Orte, die einen begreifen lassen, dass sich in den Straßen Berlins knapp vier Millionen Menschen tummeln. Und Orte, die einem das Gefühl geben, über all dem zu schweben.

Eine perfekte Location dafür ist ein von außen unscheinbar wirkendes Parkdeck. An jener Ecke, wo sonst Neuköllns meistbefahrene Straße, die Karl-Marx-Straße, auf die Flughafenstraße trifft, kann innerhalb von Sekunden das Verkehrschaos und der Großstadtlärm ausgeschaltet werden. Immer dann, wenn man in den Fahrstuhl der Neukölln Arcaden steigt und in die fünfte Etage fährt. Von hier aus geht es durch die Parketage hindurch, hinauf auf das Parkdeck und damit hinein in einen echten Großstadtdschungel, in dem Oregano und Basilikum auf kargen Betonmauern wachsen.

Das ist er, der Klunkerkranich. Eine Bar, ein Garten, eine Event-Fläche, ein Spielplatz, ein Restaurant oder einfach der perfekte Ort, um Berlin zum Feierabend von oben zu bewundern.

Hier kann man versteckt hinter Hecken und anderem Gewächs ganz für sich allein sein oder mitten in der bunten Menge aus jungen Paaren, Familien, Freunden oder Kollegen Platz nehmen, sich einen verdienten Feierabenddrink gönnen und einfach mal kurz durchatmen. Denn von hier oben spürt man kaum, dass unten das komplette Chaos herrscht.

In Seelenruhe kann man hier seinen Blick über die Hauptstadt schweifen lassen. Man kann

gedanklich in Richtung Mitte wandern, den Fernsehturm mit seinen 368 Metern ausfindig machen. Oder man späht in die andere Richtung, versucht, die Betonbauten Marzahns zu erkennen. Oder man bleibt einfach da, in Neukölln, einem herrlich kulturell gemischten Bezirk, der so viele Geschichten erzählen kann.

Fakt ist, dass der Klunkerkranich eine Ruheoase ist, in der man vom Alltag abschalten und sich auf eine kleine Auszeit besinnen kann. Komisch und überraschend zugleich, denn eigentlich liegt gar nicht viel Platz zwischen dem rauschenden Verkehr Neuköllns und der Ruhe auf dem Parkdeck.

Übrigens: Berlin hat mittlerweile eine ganze Reihe von Rooftop-Bars, in denen man den Tag mit perfekter Aussicht ausklingen lassen kann. Andere tolle Adressen sind zum Beispiel die Monkey Bar im 25hours Hotel am Breitscheidplatz, das Deck5 auf den Schönhauser Allee Arcaden oder das Loft 14 im Vienna House Andel's an der Landsberger Allee.

FAZIT: HOCH OBEN ÜBER DEN DÄCHERN DER STADT FÄHRT DER PULS VON GANZ ALLEIN RUNTER.

Hin & weg: Mit der U7 bis Rathaus Neukölln. Der Klunkerkranich liegt auf dem Dach der Neukölln Arcaden, Karl-Marx-Straße 66.

Beste Zeit: Frühling, Sommer und Herbst jeweils zum Sonnenuntergang.

Dauer: So lange wie der Drink schmeckt.

Ausrüstung: Lust, ein wenig Höhenluft zu schnuppern und Geld für das ein oder andere Getränk.

KNEIPEN-HOPPING

 ... im Prenzlauer Berg

**#19**

Lange bevor es Hipster gab, war der Prenzlauer Berg schon angesagt. Einige der legendärsten und urigsten Kneipen trotzen bis heute der Gentrifizierung – und laden zu einer Tour durch den Bezirk ein.

#vomFass #nurnocheins #Prosit #StulleundBier #Prenzlberg #Herrengedeck

In einer echt Berliner Kneipe ein
echt Berliner Bier genießen –
geht's noch schöner?

Hippe Bars kann jeder. Wie wär's stattdessen mit einer Tour durch die urigsten Kneipen im Prenzlauer Berg? Mit alten DDR-Restaurant-Einheitsstühlen, Pils vom Fass und Tresendamen, die schon alles erlebt haben.

Startpunkt der abendlichen Tour ist die Bilderpinte in der Naugarder Straße 7. Der kleine Kiezladen überzeugt vor allem mit seiner Überschaubarkeit, denn gerade die macht das Ambiente so nahbar und echt. Ob man am Tresen Platz nimmt oder im kleinen Außenbereich auf dem Gehweg, in der wohligen Atmosphäre schmeckt das erste frisch gezapfte Pils des

Abends besonders gut. Am besten trifft es das lokaleigene Motto auf den Punkt. Da heißt es »Sei Gast, sei glücklich, sei Bilderpinte«. Das lässt man sich nicht zweimal sagen.

Weiter geht's keine 300 Meter ins Lohrentz Eck an der Greifswalder Straße und damit in eine der legendären Kneipen im Kiez. Der massive Tresen und die imposanten Lampen aus den 1960er-Jahren dürften hier so manchen Gast an Alter übertrumpfen – und an Geschichten ohnehin. Die alte Berliner Eckkneipe ist eines der Urgesteine unter den Kiezkneipen. Es läuft Fußball, es darf geraucht, Skat

In der warmen Jahreszeit sind die Außenbereiche besonders beliebt.

gespielt und Sprüche geklopft werden. Dit jehört allet dazu, weeste?

Eins ist sicher: Schon nach wenigen Gläsern
gehört man selbst irgendwie zum Inventar.

Also nicht wundern, wenn die Bedienung beim
zweiten Besuch noch weiß, welche Biersorte
man bevorzugt.

Das letzte Pils kann man sich anschließend
gleich wieder abtrainieren, nämlich beim
Fußmarsch ins 700 Meter entfernte Berliner
Bierlokal Willy Bresch. Noch so ein Urgestein,
noch so eine Eckkneipe. Auch hier scheint die
Zeit stehen geblieben zu sein. In der geräumi-
gen Kneipe ist die Welt noch in Ordnung: Das
Schankbier ist günstig, ein Korn kostet einen
Euro und ein paar Dutzend Gäste passen für
jede Menge Herrengedecke an Tische und
Theke. So war das schon damals und so ist
das auch heute noch.

Als Letztes geht es nach rund 20 Minuten zu
Fuß ins Metzer Eck in der Metzer Straße 33,
eine Gaststätte, die seit sage und schreibe

Deftiges Essen in der juten Stube – so is(st) Berlin, oben rechts im Metzer Eck.

1913 an Ort und Stelle steht. Es ist ein Restaurant, das den Zweiten Weltkrieg überlebte, und eines, das schon als Promi-Lokal galt, als es die meisten Ur-Lokale noch nicht einmal gab.

Hier sitzt es sich auf der Außenterrasse besonders gemütlich, hier schmeckt das Essen noch so hausgemacht und deftig wie schon vor hundert Jahren und hier sind die Wände geschmückt mit den Schönen und Berühmten der vergangenen Jahrzehnte, von Musiker Udo Lindenberg über die Schauspielerlegenden Götz George und Manfred Krug bis hin zu Italo-Western-Regisseur Sergio Leone. Wer genau hinschaut, entdeckt darunter sogar ein Autogramm von Otto Waalkes, der hier 1985 die Premiere seines Kinohits »Otto – der Film« feierte – natürlich standesgemäß bei Pils vom Fass und gutbürgerlicher Küche. Daran hat sich bis heute nichts geändert.

FAZIT: EIN KLEINES BERLINER KIEZ-ABENTEUER.

Hin & weg: Anreise zum S-Bahnhof Greifswalder Straße, Abreise mit der M2 ab Prenzlauer Allee/ Metzer Straße.

Beste Zeit: Abends, wenn die Gemüter lustig werden.

Dauer & Strecke: Insgesamt rund 30 Min. für 2,8 km.

Ausrüstung: Gutes Durchhaltevermögen.

Übrigens: GPX-Download auf Seite 229.

AB AUF DIE INSEL

≥ ... in Köpenick ≤

#20

Fernab vom Großstadttrubel stilecht den Feierabend einleiten: mit einem lokalen Bierchen in der Hand und dem Blick auf die Kleinstadtkulisse. Die Schlossinsel Köpenick lockt mit dem Köpenicker Schloss und einer Parkanlage, die romantischer nicht sein könnte.

Kurprinzenresidenz und Kriegsgericht: Das Wasserschloss Köpenick hat einige Geschichten zu erzählen.

Der Feierabendausflug beginnt am Schlossplatz in Alt-Köpenick. Der ist nicht nur selbst eine kleine Augenweide, sondern trumpft genau in seiner Mitte mit einem kleinen Stand der Schlossplatzbrauerei Köpenick auf. Was passt da besser als ein frisch gezapftes Wegbier? Direkt gegenüber vom Schlossplatz und vom Köpenicker Stadtkern mit dem Rathaus führt ein Fußgängerüberweg erst über den Schlossgraben und dann auf eine Insel in der Dahme, unweit von ihrer Mündung in die Spree. Kaum hat man den Hof betreten, wähnt man sich schon in einer anderen Zeit.

Wer sich für Architektur interessiert, wird begeistert sein. Denn das Schloss Köpenick ist ein Zeugnis aus der Zeit des Großen Kurfürsten (1620–1688). Tatsächlich ist es sogar das bedeutendste erhaltene Schloss, das während seiner Regentschaft für die Dynastie der

Hohenzollern errichtet wurde. Das Bauwerk zeugt noch heute vom Stil des holländischen Barocks und ist damit ein markantes Beispiel für den prägenden Einfluss der Niederlande Ende des 17. Jahrhunderts.

Dann heißt es weg vom Schloss und rein in den Schlossgarten, der zu einem ausgiebigen Spaziergang einlädt. Der kleine Barockgarten südlich des Schlosses wurde um 1690 angelegt. Noch heute ist jede Hecke bis zur Perfektion getrimmt, Blumen sprießen zwischen April und Juni in den schönsten Farben und dicke altehrwürdige Bäume lassen ihr dichtes Geäst über die schmalen Parkwege hängen.

Von den Ufern der Schlossinsel hat man einen tollen Blick auf die Dahme und die Wohngebiete am Wasser. Die Bänke entlang der Wege laden zum ausgiebigen Gucken und Seufzen ein.

Nicht verpassen sollte man auch die im Park ausgestellten Skulpturen wie Hermann Joachim Pagels »Hühnerdiebfigur« aus dem Jahr 1912 oder Hans-Detlev Hennigs »Zwei Giraffen« von 1977. Eine Augenweide für Kunstfans.

Bleibt die Frage, wo die Schlossinsel eigentlich am schönsten ist? Ganz klar an ihrer Spitze. Denn hier laden enge, verschlungene Pfade dazu ein, den Spazierweg zu verlassen und sich sein eigenes Plätzchen für den Sonnenuntergang zu suchen.

Na, ist vom Bier noch was da? Perfekt. Denn hier auf den letzten Metern der Insel schmeckt jedes Getränk einfach am besten. Und während die Sonne den Himmel in einen Tuschkasten verwandelt, fühlt man sich gar nicht mehr wie im Berlin der 2020er-Jahre, sondern vielleicht ein wenig wie zur Zeit des Großen Kurfürsten.

FAZIT: EINE KLEINE ZEITREISE NACH KÖPENICK VERSPRICHT ROMANTIK PUR.

Hin & weg: Mit der S47 nach Berlin-Spindlersfeld und weiter mit der Tram 61/63 bis Schlossplatz Köpenick.

Beste Zeit: Unbedingt starten, wenn es noch hell ist. Am besten an den längsten Abenden des Jahres.

Dauer & Strecke: Ein paar Meter zu Fuß, perfekt für einen Abend an der frischen Luft.

Ausrüstung: Das frische Getränk gibt's direkt auf dem Schlossplatz.

KLEINES HIDEAWAY

... in Wilmersdorf

#21

Dass nur unweit vom Ludwigkirchplatz meist das absolute Chaos herrscht, merkt man hier kaum. Im Sommer fühlt man sich wie in Italien oder in Spanien, wo man dem Gemurmel der Menschen auf den vielen Stühlen am besten bei einem Aperitif lauscht. Und an kälteren Tagen lohnt ein Abstecher für eine kleine Architek-Tour.

#beimKudammummeEcke #Aperitifgehtimmer #Feierabendglück

Wer den Ludwigkirchplatz in Berlin-Wilmersdorf betritt, landet inmitten hübscher Architektur aus dem 19. Jahrhundert und steht gleichzeitig auf einem Platz, der genau so auch im Süden Europas zu finden sein könnte. Ringsherum tummeln sich Besucher, mal sind es Berliner aus den anderen Bezirken, mal Touristen, Flaneure und Familien, Senioren und Studenten. Der Ludwigkirchplatz ist ein Platz für alle. Vor allem aber für diejenigen, die am Abend gern plaudern und dabei vielleicht auch ein bisschen beobachten wollen – das kann man hier nämlich sehr gut.

Namensgebend für den Platz war übrigens die Kirche St. Ludwig, deren Grundstein im Jahr 1895 gelegt wurde. Davor hieß der Ludwigkirchplatz noch Straßburger Platz, doch das weiß kaum jemand mehr. Kein Wunder, denn bei der großen neugotischen Basilika

mit ihrem 70 Meter hohen Turm liegt es auf der Hand, wer wem den Namen gegeben hat. Heute ist die Gemeinde St. Ludwig mit ihren circa 10 000 Mitgliedern eine der größten Gemeinden Berlins und betreibt dazu auch noch eine Grundschule und einen Eine-Welt-Laden.

Die Gegend rund um den Platz herum ist eine ganz besondere. Filialen bekannter Ketten sucht man hier vergebens. Es werden Blumen in privat geführten und vor allem hübsch eingerichteten Läden verkauft, den Käse gibt es im französischen Delikatessenshop um die Ecke und selbst die Inneneinrichtung der großzügig geschnittenen Wohnungen kann man direkt am Platz erstehen. Dass die beliebte Einkaufsstraße Kurfürstendamm nur ein paar Meter entfernt ist, interessiert kaum jemanden. Warum auch, wenn das Gute direkt vor der Haustür liegt?

Der Sankt-Ludwig Park ist nicht nur schön angelegt, sondern auch die grüne Lunge des hübschen Platzes.

Wer den Platz in seiner ganzen Blüte erleben möchte, der sollte einen warmen Abend wählen und sich kurz nach Feierabend auf eine der Terrassen der vielen Cafés und Restaurants setzen und das bunte Treiben einfach beobachten. Dann spazieren Paare über den Platz, Familien genießen die letzten Stunden des Tages gemeinsam, alte Freunde treffen sich auf einen Drink und, ja, vielleicht verirren sich sogar ein paar Touristen, die nach dem erfolgreichen Shoppingtag auf dem Ku'damm zum Tagesabschluss etwas vom echten Berlin schnuppern wollen. Ein herrlicher Mix aus Menschen, Momenten und einem Miteinander, das sich tagtäglich auf einem von Berlins urigsten, schönsten und romantischsten Plätzen vereint.

Tipp: Den Aperitif gibt's romantisch im Café Weyers, berlinerisch in der Kiez-Kneipe Kuchel Eck und traditionell in der Weißen Maus.

FAZIT: ES GIBT LIEBLINGSPLÄTZE UND ES GIBT GEHEIMFAVORITEN. DIESER PLATZ HIER IST DIE PERFEKTE MISCHUNG AUS BEIDEM.

Hin & weg: Mit der U-Bahn bis Hohenzollernplatz, Spichernstraße oder Uhlandstraße und dann zum Ludwigkirchplatz laufen.

Beste Zeit: Ganzjährig. Am schönsten, wenn man gut draußen sitzen kann.

Dauer: Mindestens ein Aperitif.

Ausrüstung: Genug Gesprächsstoff und etwas Geld für den Berliner Apéro.

DER BERG RUFT

 ... in der Seilbahn über Marzahn

#22

Eine Seilbahn in Berlin? Kein Scherz. Mitten durch Marzahn-Hellersdorf führt eine hochmoderne Gondelbahn über die zauberhafte Bilderbuch-Landschaft der Gärten der Welt. Eine Feierabend-Eskapade für echte Überflieger.

Einmal über Berlin schweben wie über die Gipfel der Alpen. Die zur Internationalen Gartenausstellung (IGA) 2017 konzipierte Seilbahn lädt Besucher zu einer Fahrt über den Kienberg ein – tagsüber oder aber zu einem ganz besonderen Feierabend-Ausflug.

Vom Eingang Kienbergpark am U-Bahnhof Kienberg Gärten der Welt (früher Neue Grottkauer Straße), steigen die Kabinen in eine Höhe von 25 bis 30 Meter.

Während sich die Fahrkabine mit bis zu zehn Insassen weiter nach oben bewegt, bekommt man einen immer besseren Ausblick auf die markanten Hochhausschluchten von Marzahn-Hellersdorf. Das erste Ziel ist der 102 Meter hohe Gipfel des Kienbergs, ganz in der Nähe des Aussichtsturms Wolkenhain. Hier sollte man unbedingt aussteigen und einen Stopp einlegen. Denn der hat es in sich. Der etwa 20 Meter hohe Wolkenhain auf dem Gipfel des Kienbergs war das Wahrzeichen der IGA 2017 und beeindruckt noch heute vor allem mit einer besonderen Architektur. Denn das Bauwerk wirkt mit seiner filigranen Struktur und durchscheinenden Membran tatsächlich wie eine schwebende Wolke.

Zum anderen begeistert der Wolkenhain mit einem grandiosen Ausblick von der 120 Meter hohen Aussichtsplattform. Bei klarer Luft liegt die Sichtweite sogar bei bis zu 50 Kilometern.

Damit ist nicht nur der rund zwölf Kilometer Luftlinie entfernte Berliner Fernsehturm gut sichtbar, sondern auch weite Teile Brandenburgs. Was genau sich vor den Augen der Besucher befindet, erfährt man durch informative Beschriftungen.

Die Seilbahn in Marzahn ist eine der neuesten Attraktionen Berlins und bietet ein ganz besonderes Panorama. Unterwegs kann man am Wolkenhain stoppen (links).

Jetzt heißt es: Zurück zur Seilbahn! Denn die bringt die Fahrgäste weiter zum Haupteingang der Gärten der Welt. Dieser Teil der Fahrt ist besonders hübsch fürs Auge, denn man schwebt durchschnittlich 30 Meter über der Parklandschaft.

Zu seinen Füßen eröffnet sich den Besuchern die volle Pracht des Kienbergparks und der Gärten der Welt mit ihren vielfältigen landschaftlichen Attraktionen. Pferde grasen auf der Wiese, Spaziergänger vertreten sich die Beine und zur richtigen Jahreszeit sprießen die Blumen, was das Zeug hält.

Nach insgesamt 1,5 Kilometern und rund fünf Minuten Fahrzeit endet die Panoramafahrt am Blumberger Damm, an der Seilbahnstation Gärten der Welt.

Lust auf einen Abstecher in die Anlage? Dann nichts wie rein. Nachdem man sich in der Seilbahn einen Überblick verschafft hat, wartet das 43 Hektar große Parkgelände darauf, entdeckt zu werden. Genauer gesagt: zehn Themengärten mit zeitgenössischer Landschaftsarchitektur von verschiedenen Kontinenten und Kulturen.

Ein Tipp für besonders Wagemutige: Sechs der 64 Seilbahnkabinen haben als besondere Attraktion einen gläsernen Boden. Vorsicht, das kann im wahrsten Sinne des Wortes atemberaubend sein.

FAZIT: MIT DER SEILBAHN ÜBER BERLIN – ABHEBEN UND ABSCHALTEN.

Hin & weg: U-Bahnstation Kienberg (Gärten der Welt) der U-Bahnlinie 5

Beste Zeit: Kurz vor Sonnenuntergang leuchtet Berlin von oben wie eine Wunderkugel. Die Gärten entfalten ihre volle Pracht im Sommer, im Winter sind manche Teile geschlossen (www.gaertenderwelt.de).

Dauer: Die Fahrt dauert 5 Min., für den Besuch mindestens eine Stunde Zeit nehmen.

Ausrüstung: Nichts Besonderes, nur ein bisschen Abenteuerlust.

VERSTECKTE PARADIESE

$\gtrless$ ... in Berlin-Mitte $\lessgtr$

#23

Oh, wenn man nur wüsste, was all diese Hinterhöfe für Geschichten erzählen könnten. Es müssen eine Menge sein, denn kaum eine andere europäische Stadt hat so viele Höfe wie Berlin. Ein Grund mehr, den Geschichten bei einem Feierabenddrink nachzuspüren.

Aufgang 4

Start beim Klassiker:
Hackesche Höfe in Mitte.

An fast jedem Tag strömen Touristen in die beliebten Höfe am Hackeschen Markt in Mitte. Doch viel schöner, als die Höfe am Tage zu erleben, ist es, sich am Abend genau dort zum Plausch zu treffen – nämlich dann, wenn die Touristen weg sind und man die Höfe noch einmal ganz anders kennenlernen kann.

Die meisten Hinterhöfe findet man bis heute in der ehemaligen Spandauer Vorstadt, einem historischen Stadtteil, der sich im heutigen Berliner Bezirk Mitte befindet. Wer hier am Abend durch die vielen Höfe schlendert und auf einer die hübschen Terrassen die Ruhe genießen will, sollte bei den bekanntesten Höfen anfangen: den Hackeschen Höfen.

Deutschlands größtes geschlossenes Hofareal setzt sich aus acht Höfen zusammen und bietet eine Menge Platz für etliche Gewerbe, Restaurants und Cafés. Und allein architektonisch gehören die Hackeschen Höfe zu den schönsten der Stadt. Das liegt vor allem daran, dass hier der Berliner Architekt August Endell Hand angelegt hat.

Besonders faszinierend sind die Fassaden im 1. Hof, jeweils an der Ost- und an der Westseite. Übrigens: Die Räumlichkeiten im 1. Hof, in denen sich heute das Restaurant Oxymoron befindet, wurden früher als Trabi-Werkstatt genutzt. Wer noch ein wenig Zeit hat, sollte auch unbedingt vom 1. Hof bis in die Rosenhöfe schlendern, in denen nicht nur die Architektur anders ist, sondern auch das gesamte Flair.

Von den Hackeschen Höfen aus geht es weiter in den Kunst-Hof in der Oranienburger Straße 27. Erbaut wurde die Gebäudeanlage zwischen 1840 und 1866 im klassizistischen Stil der Schinkel-Zeit und das macht sie bis heute zu einem ganz besonderen Bauwerk. Denn der Kunst-Hof gehört zu den wenigen Komplexen in Mitte, die noch relativ geschlossen den Stil ihrer Bauzeit vorweisen können. Wer will, kann

Zwischen Kunst und Gloria: Die Berliner Hinterhöfe sind allesamt absolut verschieden. Mal eher kulturell, mal gastronomisch, mal komplett verlassen.

hier übrigens einen Stopp in der Tadschikischen Teestube (Eskapade #45) einlegen.

Die nächsten Höfe auf der kleinen Hinterhof-Tour sind die Heckmann-Höfe, deren Geschichte bis in das Jahr 1799 zurückreicht. Damals bebaute ein Holzhändler namens Köhne das gesamte Areal und stattete es mit Pferdeställen, Wagenremisen und niedrigen Wohnhäusern aus. Erst im Jahr 1905 erwarb Carl Justus Heckmann, ein Kupferschmied und Großindustrieller, die Höfe und gab ihnen den Namen. Heute sind die Heckmann-Höfe ein Sammelsurium aus Dingen für Jung und Alt – von einer Bonbon-Fabrik über das Kindertheater Galli bis hin zum hübschen Restaurant Garda.

Lust auf mehr? Dann einfach fünf Kilometer Richtung Osten radeln oder laufen. Ein weiterer Hinterhof befindet sich in Friedrichshain-Kreuzberg. In den ehemaligen Fabrikgebäuden der Warschauer Straße, in denen sich einst auch das Palais des Ostens, eines der größten Vergnügungsetablissements der DDR, befand, ist heute das Michelberger Hotel. Seine Lobby-Lounge ist allein schon ein Highlight, das jedoch noch von dem Hinterhof getoppt wird. Hier sitzt man zwischen weiß-grünen Kacheln in einer kleinen Oase, die am Abend mit Lichterketten und Lagerfeuer besonders hübsch ist.

Wer durch die Hinterhöfe von Berlin schlendert, wird ganz sicher ein paar neue Geschichten aufschnappen. So auch in Kreuzberg in der Oranienstraße 4 oder im berühmten Meyers Hof in der Ackerstraße 132 in Gesundbrunnen.

FAZIT: EINMAL HINTER DIE FASSADE SCHAUEN UND ECHTE GESCHICHTEN ENTDECKEN.

Hin & weg: Mit der S-Bahn oder Tram zum Beispiel bis zum Hackeschen Markt.

Beste Zeit: Ganzjährig, aber besonders gemütlich im Herbst.

Dauer & Strecke: Für die komplette Tour einen Abend und ca. 5 km mit dem Rad einplanen.

Ausrüstung: Ein bisschen Neugier zusammen mit der Frage, was wohl hinter dem nächsten Durchgang liegen mag.

GROSS-STADT-ROMANTIK

⌐ ... an und auf der Admiralbrücke in Kreuzberg ⌐

#24

Berlin ist, wenn man für die beste Party kein Ticket kaufen muss. So wie all-abendlich auf der Admiralbrücke in Kreuz-berg. Was es dazu braucht? Einen lauen Sommerabend und gutes Sitzfleisch. Für Unterhaltung ist gesorgt, versprochen!

Der Sonne entgegen: In den letzten Jahren ist der Landwehrkanal zum echten Gummiboot-Paradies geworden.

Ein kitschiger Sonnenuntergang, warme Sommerluft, Livemusik von dem Typen an der Ecke, ein lauwarmes Wegbier in der Hand: Die Admiralbrücke ist ein real gewordener Berlin-Traum. Keine Sorge, man braucht keine Eintrittskarte. Alles, was man tun muss, ist sich dazuzusetzen: ins Gras, ans Wasser, auf den Seitenstreifen, auf die Straßenpoller oder aber einfach direkt auf die Brücke. Dit is in Berlin voll okay. Hier treffen sich Berliner und Zugezogene, Expats und Feierabendliebhaber und zelebrieren den Moment. Eine kunterbunte Mischung ist garantiert.

Die Admiralbrücke befindet sich mitten in Berlin-Kreuzberg und nur einen Steinwurf vom Kotti entfernt (für alle Neu-Berliner: dit is dit Kottbusser Tor). Die schmiedeeiserne Bogenbrücke mit den romantischen Pflastersteinen und den urigen, alten Gaslaternen überspannt den Landwehrkanal zwischen Fraenkelufer und Planufer und ist selbst so etwas wie eine kleine Berliner Legende. Nach den Plänen von Georg Pinkenburg von 1880 bis 1882 erbaut, gilt sie als die älteste Eisenbrücke über den Landwehrkanal und steht daher heute unter Denkmalschutz.

Wenn der Sommer über Berlin liegt wie eine einlullende Gute-Laune-Glocke, ist es höchste Zeit für einen Feierband-Abstecher zur Admiralbrücke. Genau dann, wenn die Abende am längsten und am wärmsten sind. Dann, wenn das Bier zwar kalt am besten schmeckt, aber doch auch noch lauwarm die Kehle hintergeht. Schließlich gilt hier »arm, aber sexy«.

Das Bier (und sämtliche flüssige Alternativen) holt man sich übrigens standesgemäß an einem der anliegenden Spätis. Einmal versorgt

heißt es: hinsetzen und lauschen. Oder selbst quasseln und all den Redebedarf einfach mal loswerden. Wetten, dass englische, spanische, italienische und vielleicht sogar hebräische Wortfetzen durch die Luft wabern? Berlins Internationalität bekommt auf der Admiralbrücke ein ganz neues Niveau. Überflügelt wird das Geschnatter der kleinen Grüppchen nur von einem der vielen Straßenmusiker, der vermutlich mitten auf der Brücke sein kleines Setup aufgebaut hat und fröhlich vor sich hin jammt. Ab und an landet eine Münze im Gitarren-Köfferchen und ein kleines Lächeln huscht über das Gesicht des Performers.

So geht die Sonne langsam irgendwo über dem schimmernden Gewässer des Kanals unter. Und mit ihr spazieren auch die Brückenjünger wieder nach und nach von dannen und weiter durch Kreuzberg.

FAZIT: BESCHWINGTER KANN MAN NICHT IN DEN FEIERABEND STARTEN.

Hin & weg: Mit der U-Bahn zum Kottbusser Tor und dann zu Fuß bis zur Admiralbrücke.

Beste Zeit: Immer geöffnet, perfekt für laue Sommerabende, aber Nachtruhe beachten!

Dauer: Mindestens bis zum Sonnenuntergang.

Ausrüstung: Ein bisschen Kleingeld für das Feierabendgetränk vom Späti.

LITTLE HANOI

... in Lichtenberg

#25

Vietnamesisch essen gehen? Kann jeder. Berlin aber hat ein ganzes Areal, das von vietnamesischen Einwanderern und ihren Nachfahren neu geformt wurde. Auf zu einem feierabendlichen Abstecher zu den wilden Allerleiläden und dampfenden Garküchen in und um das Dong Xuan Center.

Zum Feierabend mal kurz nach Vietnam? *That's so Berlin*. Das Dong Xuan Center in Berlin-Lichtenberg ist ein kleiner Geheimtipp für alle Fernwehsüchtigen und Asienliebhaber, für Reisefreaks und kulinarische Abenteurer.

Wer hier einfach eine Straße voller vietnamesischer Restaurants erwartet, liegt völlig daneben. Denn bei einem Besuch im Dong Xuan Center taucht man ab in eine andere Welt. Der Komplex ist nicht nur der größte Asiamarkt der Stadt, sondern längst eine eigene Sehenswürdigkeit geworden: mit ganzen sechs Markthallen, einer schier unglaublichen Vielfalt an fernöstlichen Lebensmitteln, anderen Waren und auch Dienstleistungen.

Obwohl es mehrere Zufahrten gibt, beginnt man seinen Besuch am besten am rot-gelben Eingangstor mit seinen großen und etwas kitschigen Lettern im Rundbogen. Von hier aus hat man die Qual der Wahl. Mal schnell zum vietnamesischen Friseur oder die Fingernägel schick machen lassen? Alternativ kann man auch nach knalliger Kleidung suchen oder aber nach einem Gimmick fürs nächste Wichteln. All das geht im Dong Xuan Center.

Die beste Empfehlung für den Besuch: viel Zeit mitbringen und treiben lassen. Denn wie auf einem wilden Markt mitten in Asien vergeht die Zeit wie im Flug. Weil das Auge vor lauter Farben und Bling-Bling gar nicht weiß, wo es hinschauen soll.

Hunger bekommen? Sehr gut. Denn das gehört in Little Hanoi dazu. In den Hallen und Außenbereichen des Dong Xuan Center lässt es sich gut schlemmen. Authentischer als in den ansässigen Restaurants ist die Küche in

Lebensmittel wie frisches Gemüse oder aber kleine Spaß-Geschenke für die Freunde: Im Dong Xuan Center findet man alles.

keinem vietnamesischen Restaurant – außer vielleicht in Vietnam selbst.

Bleibt nach einem erlebnisreichen Abend eigentlich nur eine Frage: Wie kommt es eigentlich, dass es so viele Vietnamesen in Berlin gibt? Die Antwort erstaunt kaum und gehört schon lange zur Geschichte der Stadt und dem, was den Multi-Kulti-Charme der deutschen Hauptstadt als Ganzes ausmacht.

Fast 40 Jahre ist es her, dass Tausende Nordvietnamesen als Vertragsarbeiter und Studenten in die DDR kamen – das sozialistische Bruderland machte es möglich. Es gab Stipendien und ein Zimmer im Studentenwohnheim. Als die Mauer fiel, lebten rund 60 000 Vietnamesen in der DDR, viele in den Bezirken Lichtenberg und Marzahn-Hellersdorf.

Nach der Wiedervereinigung Deutschlands machten sich viele als Händler selbstständig, so auch Nguyen van Hien, der Gründer des Dong Xuan Centers. Der Name kommt übrigens nicht von ungefähr. Denn Vorbild war kein geringerer als Hanois ältester und größter Markt: der Dong-Xuan-Markt. Jeder Einzelhändler auf dem Gelände hat seine eigene Berlin-Geschichte zu erzählen.

Nach zahlreichen Frühlingsrollen, frischen *Bánh mì* oder einer großen Schale *Pho Bo* endet ein Abend in Klein-Hanoi, wie eine Reise eben endet: melancholisch. Nur mit einem Unterschied. Nämlich, dass man sie gleich morgen Abend wiederholen kann.

FAZIT: EIN KLEINER ASIENTRIP ZUM FEIERABEND. IMMER »SAME, SAME, BUT DIFFERENT«.

Hin & weg: Mit der Tram zur Herzbergstraße/Industriegebiet, Adresse: Herzbergstraße 128-139.

Beste Zeit: Ganzjährig, wenn die Woks noch heiß sind.

Dauer: Irgendwas zwischen Aber-nur-eine-Pho bis Nur-noch-ein-Saigon-Beer.

Ausrüstung: Hunger.

HIMMEL ÜBER BERLIN

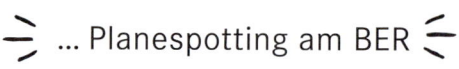 ... Planespotting am BER

#26

Flugzeuge-Gucken am rosarot gefärbten Abendhimmel Berlins – kann es etwas Romantischeres geben, um den Feierabend zu genießen? Wohl kaum, also nichts wie los. Sundowner einpacken und ab zum Flughafen.

Mit einem Sundowner auf der Wiese sitzen und den großen Vögeln beim Starten und Landen zuschauen. Hach, das ist (fast) wie Urlaub ...

Es ist der ewige Traum der Menschheit: der Traum vom Fliegen. Dabei muss es nicht immer gleich ein Flugticket sein. Schon das Zuschauen versetzt einen ins Urlaubsfeeling. Es lässt einen von exotischen Ländern träumen und bereitet Flugzeuge im Bauch. Besonders gut geht das Wegträumen zum Feierabend dort, wo sonst auch die Reise startet – am Flughafen Berlin Brandenburg (BER).

Wie funktioniert Planespotting eigentlich? Nun ja, echte Planespotter reisen mit großem Kameraequipment in die Nähe von Flughäfen, um das beste Loch im Stacheldrahtzaun ausfindig zu machen und den Giganten der Lüfte so nah wie möglich zu kommen. Das Ziel: der beste Schnappschuss der abfliegenden oder ankommenden Maschinen. Keine Sorge, man muss sich nicht gleich *Aviation-Geek* nennen.

Lieblingsspiel beim Flugzeuge-Gucken? Ganz klar: Wer errät zuerst die Airline auf dem Bauch des Flugzeugs?

Flugzeuge-Bestaunen und Wegträumen, das geht auch einfach so. Alles, was es dazu am Berliner Flughafen braucht, sind eine Decke, ein paar Snacks, das eigene Lieblingsgetränk und vielleicht noch ein Fernglas.

Doch wo hat man eigentlich den besten Blick auf die Flieger? Nun, ein ganz besonders schöner Ort für das Flugzeuge-Gucken am abendlichen Himmel liegt unweit der Bundesstraße 96a in Waßmannsdorf.

Am besten reist man wahlweise mit dem Auto oder mit der S-Bahn an. Von der Waßmanndorfer Allee kommend, biegt man rechts in die Dorfstraße ab. Diese geht am östlichen Ende in die Alte Schönefelder Straße ab. Die alte Al-lee wird nicht mehr befahren und endet nach wenigen hundert Metern im Feld. Genau hier hat man einen guten Ausblick auf das Rollfeld-Geschehen. Gemütlich, im Gras sitzend, von seiner Decke aus.

Wer einmal im Leben Flugzeuge von unten be-staunen will, muss allerdings näher ran. Der allerbeste Ort dafür befindet sich genau auf der Höhe der Landebahn. Im Falle vom alten Flughafen Schönefeld (ein Teil des BER) befindet sich dieser auf einem kleinen Feldweg abseits des Wiesenwegs (L75). Hier steht man genau in der Einflugschneise und sieht die Flieger schon wie kleine Flecken am Himmel erscheinen und immer näher kommen, bis sie plötzlich mit vollem Karacho über einen

Egal, ob in der Luft oder am Boden: Flugzeuge versprühen eine gewisse Magie, die nie verfliegt.

hinwegfegen. Eins ist sicher, da wird jeder Erwachsene wieder zum Kind.

Wem der Proviant für den romantischen Planespotting-Sundowner ausgeht, kann gegenüber ins Grill-Restaurant 45 Über Null (www.45uebernull.de) einkehren. Vor allem in den wärmeren Monaten lohnt sich ein Platz im großen Außenbereich. Der Ausblick auf das Flughafengewusel ist einmalig.

Profi-Tipp: Wer ganz genau wissen will, welche Flugzeuge welcher Airline zu welcher Uhrzeit starten und landen, der braucht nur einen Blick auf die Website des Flughafens zu werfen. Die Starts und Landungen werden dort fast sekündlich aktualisiert.

FAZIT: REISELUST TRIFFT ROMANTIK – BEIM SUNDOWNER MIT DEN AUGEN AM HORIZONT.

Hin & weg: Bis S-Bahnhof Waßmannsdorf und dann zu Fuß bis in den Wiesenweg oder in die Alte Schönefelder Straße.

Beste Zeit: Ganzjährig dann, wenn der Himmel abendlich glüht. Besonders schön im Herbst.

Dauer: Flugzeuge gucken wird nie langweilig.

Ausrüstung: Eine Decke, das Lieblingsgetränk und ein Fernglas.

RINGBAHN-KULT

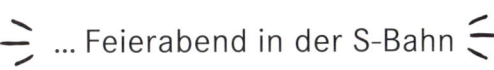 ... Feierabend in der S-Bahn

#27

Einfach mal den Tag aufs Abstellgleis stellen: Das Ringbahn-Fahren hat in Berlin Kultstatus, besonders dann, wenn die Abendsonne die Wagen in zauber- haft warmes Licht taucht. Denn genau dann schmeckt das Feierabendbier besonders gut.

Ob links- oder rechtsherum: In der Berliner Ringbahn wird es zum Feierabend nie langweilig.

Manche Dinge gehören zu Berlin wie die Luft zum Atmen. Die Ringbahn etwa genießt in der Hauptstadt quasi Kultstatus. Schließlich gab es mit der Königlichen Bahnhofs-Verbindungsbahn den ersten Vorläufer bereits im Jahr 1851. Und die Ringbahn von heute? Kennt jeder.

Fährt jeder. Kein Weg führt an ihr vorbei. Auch liebt man sie und hasst sie zugleich. Aber das ist schon okay. Zumindest für echte Berliner.

Und dann gibt es da etwas, was die Berliner besonders gerne zum Feierabend machen: ein Feierabendbier trinken. Aber wieso warten, bis man zu Hause ist, wenn man schon in der S-Bahn auf den Feierabend anstoßen kann?

Richtig. Genau deshalb haben die Berliner etwas erfunden, was es, zumindest in diesem Ausmaß, nirgendwo anders in Deutschland gibt – das Ringbahn-Feierabendbier. Und das geht so: Zusteigen kann man eigentlich, wo man möchte. Denn das Gute an einer Ringbahn ist ja, dass sie einmal im Kreis fährt. Ringsrum. Und dann nochmal. Und nochmal.

Wer will, kann sogar sitzen bleiben und im Kreis fahren, solange er möchte – vorausgesetzt,

man hat eine gültige Fahrkarte (und das Bierchen ist noch nicht alle). In ziemlich genau einer Stunde hat man die Innenstadt umrundet.

Die Berliner Ringbahn ist eine etwa 37 Kilometer lange Bahnstrecke, die als geschlossener Ring die Innenstadt umgibt. Die S-Bahnlinien S41 und S42 fahren auf zwei Gleisen in beide Richtungen und bedienen dabei zum Beispiel die S-Bahnhöfe Berlin-Wedding, Prenzlauer Allee, Ostkreuz, Sonnenallee, Neukölln, Südkreuz, Schöneberg und Westkreuz. Langweilig wird der Blick aus dem Fenster also sicher nicht. Im Gegenteil, die Ringbahn bietet auch eine Art Stadtrundfahrt, die im Fahrpreis quasi schon inkludiert ist und sich jeden Abend in einem neuen Licht präsentiert.

So fährt man am Tempelhofer Feld vorbei, wo auf Longboards und mit Drachen in der Hand der Abend eingeläutet wird, erhascht einen Blick auf die Oberbaumbrücke und die riesigen Statuen »Molecule Man« in der Spree auf Höhe des Treptower Park und sieht den Funkturm an der Messe aus einer ungewöhnlichen Perspektive. Gerade weil sich der Ausblick aus der Ringbahn mit jedem Meter verändert, schmeckt das Feierabendgetränk beim melancholischen Blick aus dem Fenster besonders gut.

FAZIT: KULTIGER KANN MAN DEN FEIERABEND NICHT EINLÄUTEN ALS IN DER RINGBAHN.

Hin & weg: Zustieg an einem der 28 S-Bahnhöfe.
Beste Zeit: In der Stunde vor Sonnenuntergang.
Dauer & Strecke: Maximal 1 Std. für 37 km.
Ausrüstung: Feierabendgetränk und Fahrkarte.

SPÄTI-HOPPING

... am Boxi in Friedrichshain

#28

Spätis gehören zu Berlin wie Ketchup oder Mayo zu Pommes. Wieso nicht mal einen ganzen Abend von einem Späti zum anderen hüpfen? Nirgends lässt sich die Straßenkultur der Hauptstadt besser erleben als am Bordsteinpflaster. Eine Eskapade ganz nah am echten Berlin.

Zwischen Barersatz und Lebensretter: Berlins Spätis haben Kultstatus und sind aus der urbanen Landschaft der deutschen Hauptstadt nicht mehr wegzudenken.

Wer dem Spätkauf – wie die Spätis eigentlich heißen – mal so richtig huldigen will, der sollte ihm einen ganzen Abend schenken. Fernab von teuren Gin-Bars und hipper Fusion-Küche landet man dabei in abgefahrenen Gesprächen, trifft markante Kiezgestalten und Spätibesitzer, die so manche Anekdote auspacken können.

Wie geschaffen dafür ist der Boxhagener Kiez in Berlin-Friedrichshain. Er befindet sich zwischen Grünberger Straße, Krossener Straße, Gärtnerstraße und Gabriel-Max-Straße und ist von der Warschauer Straße oder dem Ostkreuz nur ein Wegbier entfernt.

Der Boxhagener Platz oder Boxi, wie er von Berlinern genannt wird, ist ein echtes Kleinod mitten in F'hain. Er ist ein Ort voller Bohemiens und junger Familien und ein Schmelztiegel der langsamen Gentrifizierung. Doch zwischen übercoolen Cafés und Shops für Neuväter und -mütter findet man sie noch: die Spätis. Es gibt jene voller Neonreklamen und leuchtender Werbeschilder über dem Eingang und jene, die ihre beste Zeit längst hinter sich haben. Jene, die abgerockt wirken und genau deshalb so wunderschön echt sind. Ein Spätkauf der alten Garde eben.

Da sich der Boxi genau zwischen vier Straßen befindet, ist der Ausgangspunkte der kulturellen Spätireise herrlich egal.

Kleiner Tipp: Den mitunter am besten ausgestatteten Spätkauf findet man an der Ecke der

Berliner Kulturgut: Der Späti ist ein Kind der Hauptstadt, und das schon seit 1859.

Grünberger Straße zur Gärtnerstraße. Im Boxi Kiosk ist es schwer, sich zu entscheiden, so groß ist die Kühlschrankwand, aus der man sich ein erstes kühles Getränk nimmt. Keine Sorge, dass die Flüssignahrung ausgeht, schon auf der gegenüberliegenden Seite des Parks wartet der nächste Spirituosenladen auf durstige Besucher.

Kein Geheimtipp mehr hingehen ist der Park selbst, in dem es sich gut sitzen lässt – vor allem mit dem Wissen, dass der Nachschub an Getränken ja nicht weit ist. Wichtiger Hinweis: unbedingt an die Ruhezeiten halten.

Dass es Spätis vor allem in Berlin gibt, kommt übrigens nicht von ungefähr. Denn die Spätverkaufsstellen, wie sie ausgeschrieben heißen, entstanden bereits in der DDR für die Versorgung von Schichtarbeitern mit Lebens- und Genussmitteln. Läden mit abweichenden Öffnungszeiten gab es nicht, deshalb erschuf man eigens eine neue Art von Einkaufsladen, die etwas länger geöffnet hatte – der heutige Späti war geboren und fand auch nach der Wende im ehemaligen West-Berlin schnell Nachahmer, wenn auch viel weniger als im Osten der Stadt.

Heute ist der Späti nicht mehr aus Berlin wegzudenken und bietet noch immer die urigste Art, den Abend zu gestalten: günstig, spontan und vor allem mit einer gesunden Portion Nachbarschaftsliebe.

FAZIT: SO GEHT BERLIN – VON SPÄTI ZU SPÄTI DURCH DEN ABEND.

Hin & weg: Bis Ostkreuz oder S- und U-Bahnhof Warschauer Straße, dann zu Fuß oder mit der Tram weiter.

Beste Zeit: Boxi und Späti geht immer.

Dauer: Je nachdem, wie viele Verkaufsstellen man besucht, von »mal schnell ein Bier holen« bis »aus Versehen den ganzen Abend«.

Ausrüstung: Kleingeld für den Umtrunk.

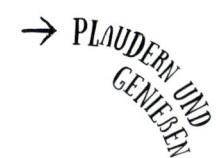
SUN-DOWNER-PICKNICK

⋛ ... auf dem Drachenberg in Grunewald ⋚

#29

Nichts ist eindrucksvoller, als die Hauptstadt im tiefsten Orange glühen zu sehen. Noch schöner wird das nur bei einem Panorama-Picknick auf den Bergen im Grunewald. Das idealste Plätzchen ist dafür der Drachenberg mit seinem 360-Grad-Ausblick.

Käse, Wurst und Schrippe: Dit is Berlin mit Geschichte am Horizont.

Unter Berlinern ist schon längst bekannt, dass die Hauptstadt die allerschönsten Sonnenuntergänge Deutschlands zu bieten hat. Klar, das ist hochgestapelt, aber was soll man machen, es stimmt. Wer das nicht glaubt, der darf jetzt seinen Picknickkorb packen und Zeuge dieses Naturschauspiels werden. Am besten funktioniert das in einer Höhe von knapp 100 Metern über der Hauptstadt auf dem Drachenberg im Grunewald.

Die freie Grünfläche auf dem einstigen Trümmerberg bietet heute freie Sicht auf ganz Berlin. Als Erstes entdeckt man das nahegelegene Olympiastadion, weiter geht es mit dem Funkturm, bis der Blick nach Mitte schweift, wo der Fernsehturm zeigt, wer hier der Größte ist. Wer genau hinschaut, der kann sogar das Rote Rathaus erkennen und das gebogene Dach des Sony Centers am Potsdamer Platz.

Stressen muss man sich hier nicht, denn wer pünktlich zum Feierabend hier ist, der hat genug Zeit, die Hauptstadt komplett und zentimetergenau zu studieren. Natürlich kann man auch in direkter Nähe zu den Radarkuppeln der ehemaligen Flugüberwachungs- und Abhörstation der US-amerikanischen Streitkräfte auf dem Teufelsberg picknicken. Der Nachbarberg liegt nämlich mit seinen 120 Metern noch einmal ein paar Zentimeter höher als der Drachenberg. Aber ist es eigentlich nicht viel schöner, diese markanten Bauten aus der Ferne zu bestaunen? Schnell kann man sich dann vorstellen, was hier wohl in den 1950er-Jahren los war. Heute sind die Bauten ihrem eigenen Verfall ausgesetzt, sehen aber dank ihrer Graffitis auf Fotos immer noch richtig cool aus. Kurz vor dem Sonnenuntergang füllt sich die Grünfläche auf dem Drachenberg mit einigen Sundowner-Fans. Dann spazieren die

Heute alles andere als top secret: Die ehemalige US-Abhörstation thront über den Dingen.

Familien, die bis eben noch mit ihren Kindern Drachen haben steigen lassen, nach unten und werden von Paaren, Freunden und anderen Gruppen abgelöst. Dann ertönt in der einen Ecke live gespielte Gitarrenmusik, in der anderen Ecke wird gelacht und zwischendurch immer wieder geprostet und angestoßen – auf den Feierabend, auf Berlin und auf diese atemberaubende Aussicht.

Übrigens: Wer will, kann sein Picknick auch mit einer kleinen Einheit Treppensteigen verbinden. 280 Stufen führen hoch hinauf auf den Drachenberg, da ist das Picknick als Belohnung doch perfekt, oder?

Weitere tolle Aussichtspunkte in der Natur in Berlin sind natürlich der Teufelsberg nebenan, aber auch der Viktoriapark in Kreuzberg und der Trümmerberg im Volkspark Friedrichshain.

FAZIT: KITSCHIG, ABER SO SCHÖN, DASS MAN ES JEDEN TAG MACHEN KÖNNTE.

Hin & weg: Ab S-Bahnhof Heerstraße (S3, S9, M49, X34, X49, 218, 349) 400 m zu Fuß die Teufelsseechaussee entlang.

Beste Zeit: Im Frühling und im Sommer zum Sonnenuntergang.

Dauer: 15 Min. Weg vom S-Bahnhof Heerstraße, vor Ort etwa 2 Std. inkl. Picknick.

Ausrüstung: Prall gefüllter Picknickkorb und eine Decke.

SCHLEMMEN UND KIEKEN

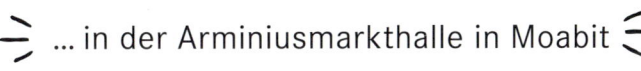

... in der Arminiusmarkthalle in Moabit

#30

Ein geselliger Abend in der Markthalle ist wie eine Auszeit vom Großstadttrubel. Fernab vom Alltag schmaust es sich in der denkmalgeschützen Arminiushalle besonders gut. Ein Feierabend auf den Spuren von Harald Juhnke.

Der Hype von Food-Märkten ist nach wie vor ungebrochen. Das gilt natürlich auch für Berlin. Während sich die Besucher in der Markthalle Neun in Kreuzberg mit der Masse durch die verstopften Gänge pressen, passt die angebotene Kulinarik eher in die Kategorie Hipstergastronomie.

Keine Sorge, es gibt noch Ausweichmöglichkeiten – und unter den 14 überdachten Berliner Markthallen einen heimlichen Favoriten: die Arminiushalle in Moabit (www.arminius-markthalle.com). Der schöne Backsteinbau trotzt noch genauso felsenfest der Zeit wie im Baujahr 1891.

Errichtet wurde die Markthalle 10 mit der markanten Eisenkonstruktion innerhalb von nur einem Jahr nach den Plänen des Architekten Hermann Blankenstein, um für das aufstrebende Gewerbeviertel eine neue Verkaufsfläche zu schaffen. Und zwar eine, die so modern und so groß war, dass die damals 425 Stände per Pferdefuhrwerk, Handkarren oder Hundegespann aus dem breiten Mittelgang beliefert werden konnten.

Zugegeben, diese Zeit ist längst vorbei. Und doch beeindruckt die Vielfalt des Angebots heute keinen Deut weniger. Während man in der einen Ecke einen Händler erlesener Weine vorfindet, wartet wenige Meter weiter eine Bar samt Pale Ale vom Fass und Biergarnitur von anno dazumal auf durstige Besucher.

Es gibt einen Buchladen mit Groschenromanen, Stände mit frischem Obst und Gemüse – alles regional, versteht sich – Biobäcker, Fischhändler, Fleischer, Restaurants und eine Filiale eines deutschen Discounters. Auch wenn die

Für Schlaumeier: Namensgeber der Markthalle ist Cheruskerfürst Arminius.

nicht ganz ins Bild passen will, macht es die Arminiusmarkthalle zu eben genau dem, für was sie einmal erbaut wurde: eine Einkaufsmöglichkeit für jeden Geldbeutel.

Deftiges Berliner Essen gefällig? Das gibt es standesgemäß am langen Tresen der Drei Damen vom Grill. Das Restaurant ist nicht nur für seine authentische Küche bekannt, sondern auch aus der gleichnamigen TV-Serie der 1970er-Jahre.

Perfekt ist die Markthalle vor allem zu jener Tageszeit, in der das Gewölbe von einem warmen Licht durchflutet wird: zum Feierabend. Plötzlich wird das Markttreiben noch losgelöster, das Lachen lauter und die Gläser noch öfter wieder aufgefüllt.

Es ist die Zeit des Tages, zu der man versteht, wieso es ein gewisser Harald Juhnke – ein absolutes Berliner Urgestein – besonders geliebt hat, hier zu sein. Laut den Marktbetreibern sagte ein Besucher einmal den weisen Satz: »Wer zuhören kann und beobachten, für den ist die Halle besser als Kino«. Dem würde Juhnke wohl sofort beipflichten.

Kleiner Zusatztipp: Bemerkenswert ist die Kunstinstallation Gebetomat von Oliver Sturm im Hauptgang. Das einem Fotoautomaten nachempfundene Gerät kann über 330 Gebete in mehr als 65 Sprachen wiedergeben.

FAZIT: GUT ESSEN, BESSER TRINKEN UND RICHTIG AUSGELASSEN SEIN – WAS WILL MAN MEHR ZUM FEIERABEND?

Hin & weg: Mit der Ringbahn zum Westhafen oder mit der U9 zur U-Bahnstation Turmstraße, Adresse: Arminiusstraße 2-4.

Beste Zeit: Wenn es draußen frisch und ungemütlich ist, wird es drinnen umso geselliger.

Dauer: Zwischen »schnell mal was essen« und »einer geht noch« ist alles möglich.

Ausrüstung: Hunger und oder/Durst – außer, wenn man nur kieken will.

HORIZONT ERWEITERN

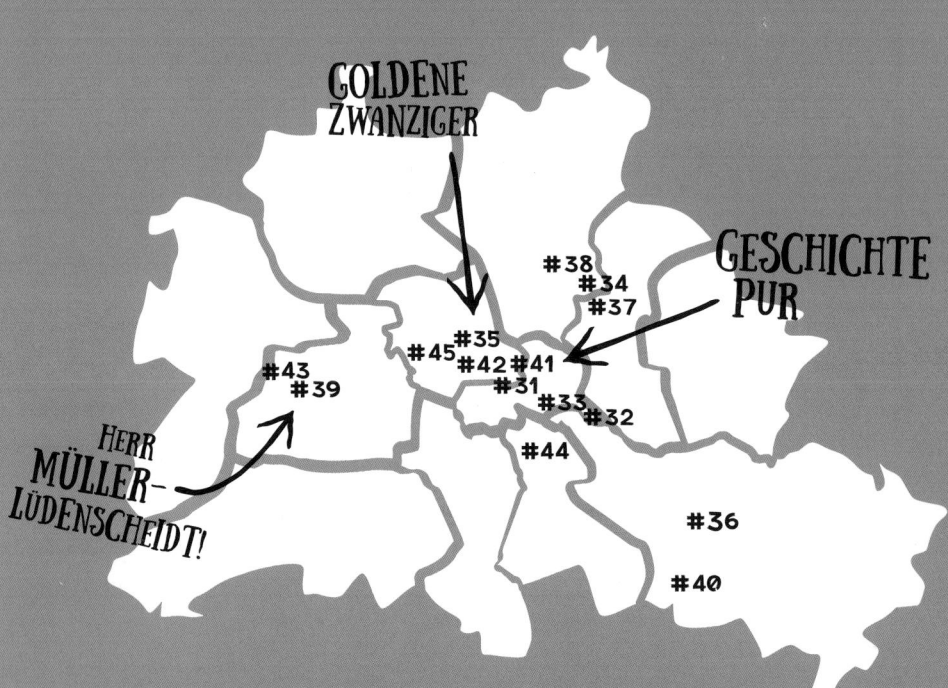

GOLDENE ZWANZIGER

GESCHICHTE PUR

HERR MÜLLER-LÜDENSCHEIDT!

#38
#34
#37
#35
#45
#42 #41
#43
#39
#31
#33
#32
#44
#36
#40

Kunst- und Kulturhäppchen

Gelbe Quietscheenten auf einem Friedhof? Berlin ist ein offenes Buch, und nur wer genau hinsieht, entdeckt die unbekannten Seiten der Stadt, sei es aus der Geschichte oder Gegenwart.

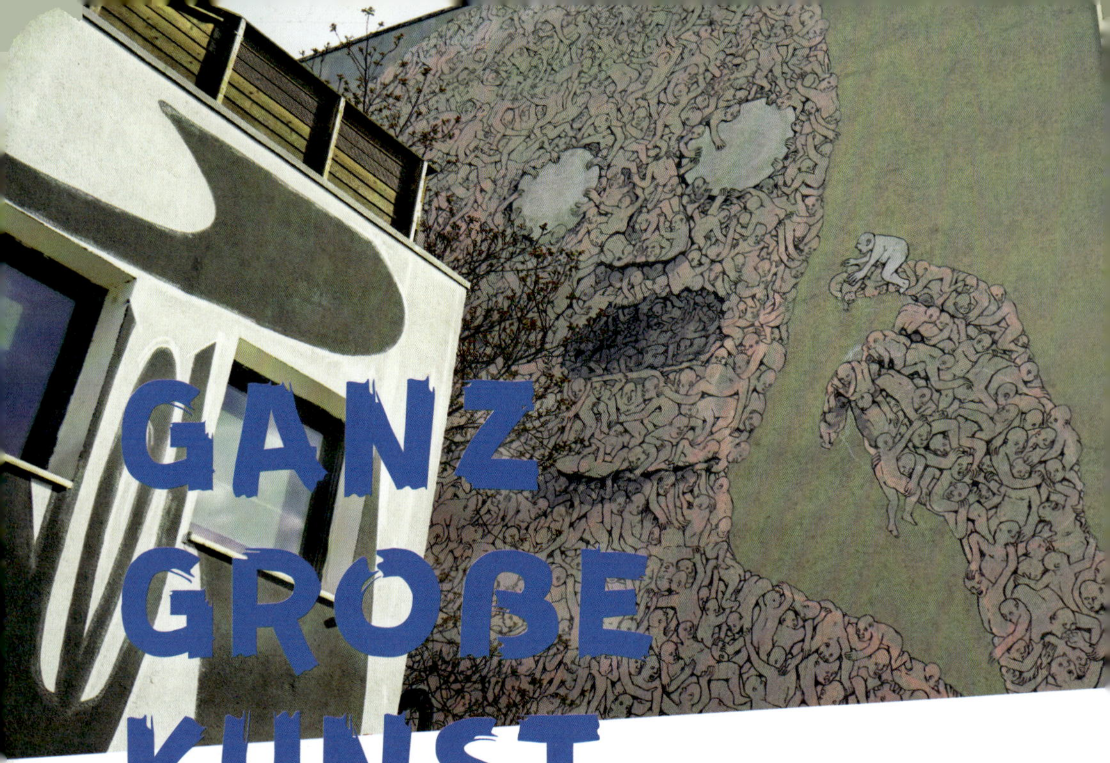

GANZ GROßE KUNST

... Street-Art-Tour in Kreuzberg und Friedrichshain

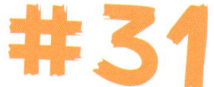

#31 *Die East Side Gallery kennt jeder. Aber, dass sich vor allem rundherum, in den kleinen Straßen und versteckten Hinterhöfen, wahre Street-Art-Schätze an Häuserwänden befinden, das wissen die wenigsten. Zeit, sich alles mal genauer anzuschauen.*

#mehralsKritzelei #StatementArt #Graffiti

Der »Pink Man« (links) und »Die Dame mit dem Vogel« gehören zu den bekanntesten Kunstwerken in Kreuzberg.

Berlin hat eine der lebendigsten Street-Art-Szenen in Deutschland und ist auch europaweit kaum noch aus der Urban-Art-Welt wegzudenken. Die Kunst ist tief in der Stadt verankert, was man allein an der kilometerlangen East Side Gallery erkennen kann. Dabei ist Street-Art mehr als nur Gekritzel. Manchmal ist es auch eine geplante Möglichkeit, um gewisse Nachbarschaften, Innenhöfe und Straßen bunter und lebendiger zu gestalten. Das merkt man ganz besonders in den Berliner Bezirken Kreuzberg und Friedrichshain, die mittlerweile fast verschmelzen. Früher war das

undenkbar, waren sie doch durch die Spree und durch die Mauer in Ost und West geteilt.

Bei einem Spaziergang lernt man nicht nur vieles über die Kunstszene an sich, sondern nimmt auch Gemälde wahr, die leicht übersehen werden. Los geht es auf der Schillingbrücke. Von hier aus kann man schon einige Wandmalereien an den Gebäuden am rechten und linken Ufer erkennen. Interessant wird es aber vor allem, wenn man die Brücke überquert und dann rechts über das Paula-Thiede-Ufer in den Bona-Preiser-Weg gelangt. Hier kann man

nämlich ein ganzes Sammelsurium an Street-Art erkennen: ein Engel des argentinischen Künstlers Alaniz, zwei Schriftzüge der Berliner Crew Berlin Kidz und ein Ballongemälde vom britischen Street-Artist Fanakapan. Von hier

aus geht es weiter in den Wrangelkiez, denn dort warten Kunstwerke, die im Zuge des »Berlin Mural Fest« im Jahr 2018 entstanden sind. Den Anfang macht in der Wrangelstraße 127 »A Wise Man« des portugiesischen Urban-Artist Huariu. Direkt gegenüber, im Hinterhof der Manteuffelstraße 12 prangt eine Dame mit einem riesigen Vogel vom Berliner Künstler Tank auf der Wand. Beide geben dem sonst recht tristen Viertel eine gewisse Raffinesse, die durchdacht und richtig passend wirkt.

Nun folgt man der Manteuffelstraße so lange, bis sie die Oranienstraße kreuzt, denn hier verbirgt sich ein wirkliches Street-Art-Wahrzeichen Berlins: die toten Tiere »Nature Morte« des berühmten belgischen Großmeisters ROA. Bevor es weiter in Richtung Görlitzer Park geht, sollte man unbedingt noch einen Abstecher in die Mariannenstraße machen, wo direkt am

Neben dem »Astronaut Cosmonaut« sind vor allem »Nature Morte« von ROA (oben) und »Open your Third Eye« von Elle (unten) bekannte Murals in Berlin.

Heinrichplatz Victor Ashs »Astronaut Cosmonaut« zu finden ist. Das Gemälde ist 22 × 4 Meter groß, soll den Kalten Krieg thematisieren und gehört für viele Touristen mittlerweile zur festen Sehenswürdigkeit in Berlin.

Über die Wiener Straße gelangt man nun zum Gemälde »Open Your Third Eye« (Wiener Straße 42) von der New Yorkerin Elle, die bekannt ist für ihre Frauenpower-Bilder. Auf der anderen Seite des Görlitzer Parks findet man direkt das nächste Mural einer Frau: »Tomorrow never come« von der polnischen Künstlerin Natalia Rak befindet sich am Spielplatz vor dem Park.

Den Abschluss macht der Wrangelkiez, der nicht nur einige richtig tolle Bars und Restaurants zu bieten, sondern auch noch ein paar Perlen der Street-Art-Szene in petto hat. Ein Beispiel dafür ist die »Hall of Fame« auf einem leerstehenden Fabrikgelände in der Cuvrystraße, direkt gegenüber vom Lido. Diese Wand gehört zu einer der dynamischsten Street-Art-Wände Berlins. Es ist also immer wieder eine neue Überraschung zu sehen, wer sich hier zuletzt verewigt hat. Um die Ecke der Cuvrystraße und damit wieder in Richtung Spree befindet sich noch eins der berühmtesten Street-Art-Gemälde der Hauptstadt: der »Pink Man« vom italienischen Künstler BLU an der Fassade des Clubs Musik und Frieden.

Tipp: Wer nach all der Kunst hungrig geworden ist, sollte sich unbedingt ein paar Kugeln bei Aldemir Eis in der Falckensteinstraße 7 kaufen. Seit 1989 wird hier jede Waffel selbstgebacken und jede Eissorte im Haus hergestellt. Besser geht's nicht!

FAZIT: DIE BEEINDRUCKENDSTE OPEN-AIR-KUNST, DIE DIE HAUPTSTADT ZU BIETEN HAT.

Hin & weg: Am besten startet man am S-Bahnhof Ostbahnhof. Zurück geht es zum Beispiel ab S-Bahnhof Warschauer Straße.

Beste Zeit: Ganzjährig. Durch blattlose Bäume sieht man die Kunstwerke am besten. Doch wenn die Blüten und Blätter sprießen, kommen ganz neue Farbtupfer hinzu.

Dauer & Strecke: Ca. 4 km, 50 Min. zu Fuß.

Ausrüstung: Offene Augen – für offensichtliche und versteckte Kunstwerke aller Art.

Übrigens: GPX-Download auf Seite 229.

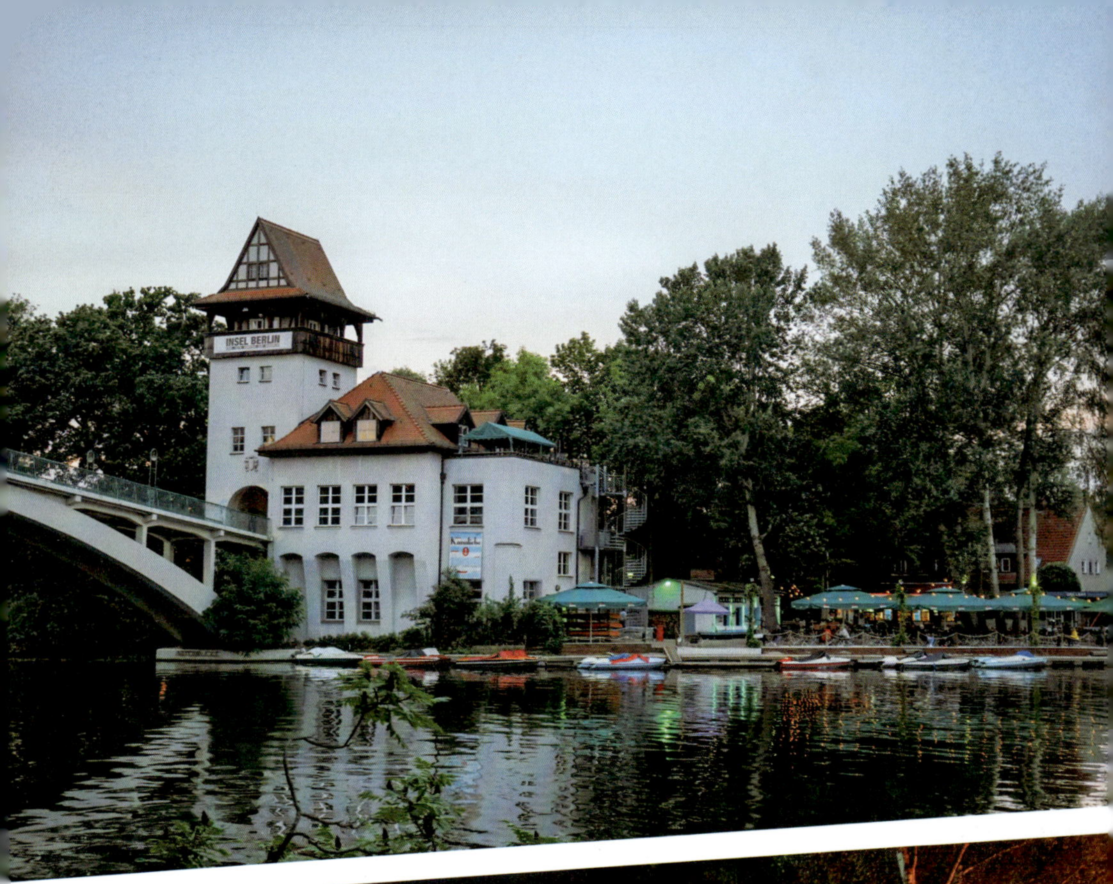
INSEL BERLIN

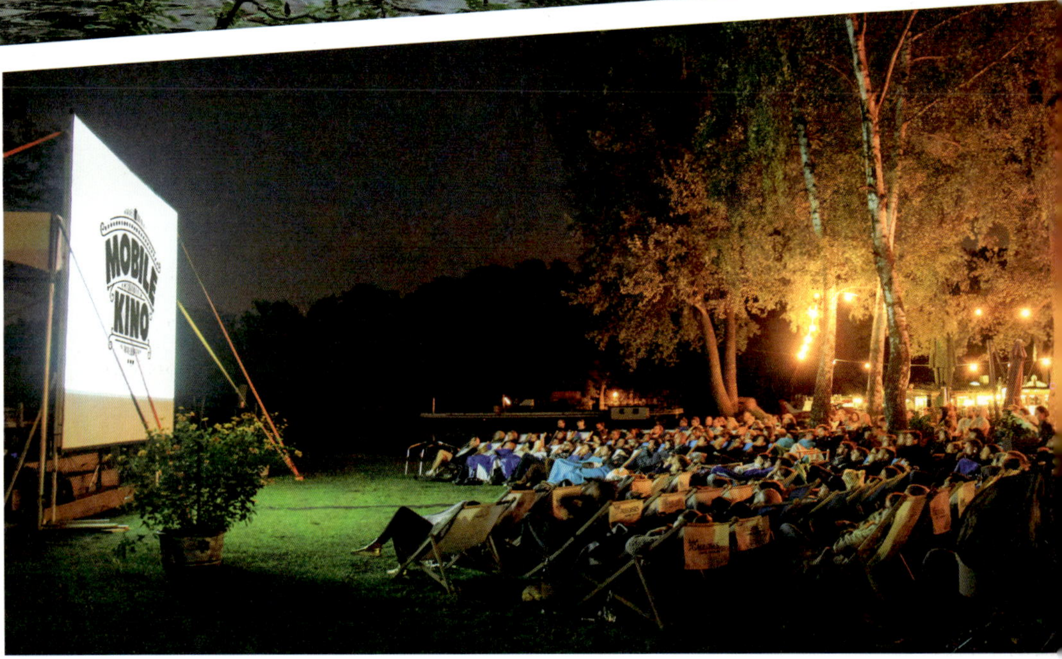
MOBILE
KINO

KINO UNTER STERNEN

≥ … auf der Insel der Jugend in Treptow-Köpenick ≤

#32

Wie eine Oase inmitten von einem der größten Parks der Hauptstadt wirkt die Insel der Jugend herrlich abgelegen und ruhig. Hier kann man nicht nur den Sonnenuntergang bewundern, sondern auch Sterne zählen und Filme gucken.

Deutschlands erste Stahlbrücke verbindet die Insel der Jugend im hohen Bogen mit dem Treptower Park. Gut so, denn ansonsten würden die vielen kleinen Boote gar nicht mehr mit dem Transport auf die Insel und wieder zurück hinterherkommen. Es gibt Tage, an denen es auf der Insel wirklich voll ist. Und dann gibt es jene Abende, an denen sich nur wenige hierher verirren, um aus dem Liegestuhl heraus einen Film unter freiem Himmel zu schauen. Es sind jene Abende, an denen das Kulturhaus Insel Berlin die mobile Leinwand aus dem Keller holt und irgendetwas zwischen Klassiker und Neuheit zeigt. Doch eigentlich ist der Film egal, denn es geht um die Atmosphäre. Darum, dass mit den letzten Sonnenstrahlen der Geruch von frischem Popcorn durch die Luft weht. Darum, dass die letzten Ausflugsboote wieder ihren Heimathafen ansteuern. Und darum, dass am Spreeufer Paare, Freunde und Fami-

lien die letzten Momente des Tages genießen. All das kann man wunderbar von der Insel der Jugend aus beobachten. Zumindest so lange, bis die ersten Szenen des Films auf der Leinwand erscheinen, es langsam dunkler wird und die ersten Sterne am Himmel sichtbar werden.

Die Insel der Jugend ist zwar bekannt und doch steht sie immer im Schatten des Treptower Parks, einer 882 000 Quadratmeter großen Parkfläche, die sich direkt gegenüber der Insel befindet. Hier wird am Abend gejoggt, Fahrrad gefahren oder einfach nur das Leben genossen. Am besten geht das am Ufer mit Spreeblick. Doch manchmal, da braucht man auch eine andere Perspektive und die bekommt man, indem man über die gebogene Stahlbrücke läuft und den ersten Schritt auf die gegenüberliegende Insel der Jugend setzt. Die Geschichte der Insel reicht übrigens in das Jahr 1860 zu-

Klappstuhl, Popcorn, Vogelgezwitscher: Das Ambiente bringt jeden Film auf ein ganz neues Level.

rück, als der Rixdorfer Emil Heinicke das Eiland kaufte, das damals Rohr-Insel hieß. Manchmal erkennt man es auf alten Karten auch noch als Treppbruch oder Treptower Bruch. Genau zwischen dem Treptower Park und dem Forst Plänterwald und gleichzeitig gegenüber der Halbinsel Stralau (Eskapade #9) gelegen. Tatsächlich war es damals jedoch nicht mehr als eine kleine Erhebung, die mit Röhricht bewachsen war. Erst nach und nach wurde die Insel mit Straßenmüll und Erde aufgeschüttet und nahm langsam an Größe zu – wechselte jedoch immer wieder aufs Neue den Besitzer.

Geblieben ist dabei dennoch die Ruhe, die die Insel versprüht. Kaum schlendert man über die Brücke, landet man in einem echten Kleinod, das es so in Berlin nur noch selten gibt. Ein Kleinod, das man am Abend am besten bei Popcorn, Cola und einem Film genießt.

FAZIT: NUR EINE BRÜCKE LIEGT ZWISCHEN TRUBEL UND ENTSPANNUNG.

Hin & weg: Bis zum S-Bahnhof Treptower Park und dann zu Fuß.

Beste Zeit: Frühling und Sommer. Aktuelle Informationen über Filmabende findet man auf der Website www.inselberlin.de

Dauer: Ein schöner Abend in guter Atmosphäre.

Ausrüstung: Ein Kissen oder eine Decke, um es sich beim Gucken gemütlich zu machen.

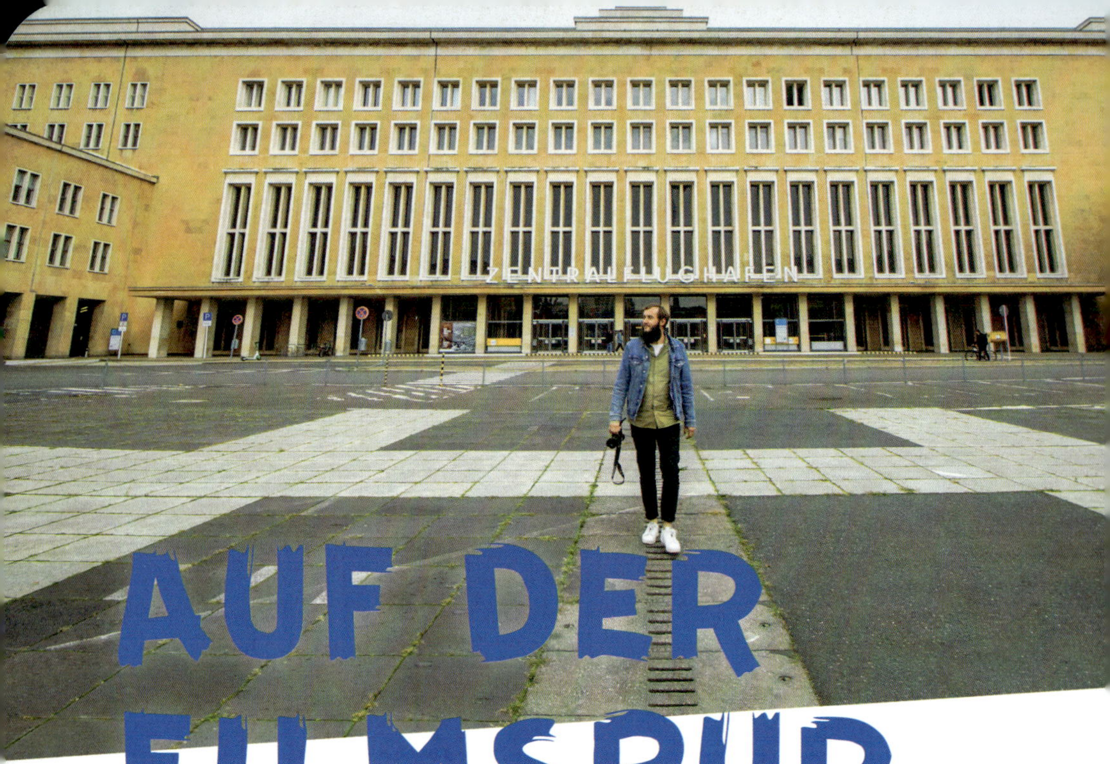

AUF DER FILMSPUR

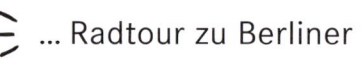

... Radtour zu Berliner Kulissen

#33

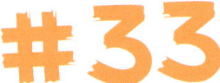

Berlin ist eine Filmstadt. Und was für eine – gefühlt jede zweite Ecke ist ein berühmter Drehort. Einige der größten Schauplätze von Kino-Highlights können Cineasten mit dem Fahrrad erkunden und dabei tief eintauchen in deutsche Filmgeschichte und in Hollywood.

 #Filmab #Drehorte #echteKulissen #HollywoodinBerlin #abgedreht

Auf die Plätze, fertig, los: Einmal wie Lola über die Oberbaumbrücke rennen oder wie James Cagney am Flughafen Tempelhof flanieren.

Wieso ins Filmmuseum gehen, wenn ganz Berlin eine einzige große Filmkulisse ist? Eine kleine Radtour führt Filminteressierte in rund eineinhalb Stunden zu einigen der wichtigsten Drehorte der Stadt.

Am besten beginnt man die Feierabend-Fahrradtour an einer der schönsten Brücken Berlins: der Oberbaumbrücke. Hier rauschen nicht nur jeden Tag Tausende Autos und Fahrradfahrer von Kreuzberg nach Friedrichshain und zurück, hier wurde auch einer der bekanntesten deutschen Filme gedreht: »Lola rennt« (1998). Genau diese Lola, alias Franka Potente, rannte Ende der 1990er Jahre quer durch die Hauptstadt. Berühmt wurde die Sequenz, in der sie über die Oberbaumbrücke läuft und damit über das Viadukt mit den fotogenen rotgotischen Torbogen.

Weiter geht der Filmexkurs entlang der East Side Gallery zum Ostbahnhof. Direkt auf dem Vorplatz begann das Berlin-Abenteuer von Matt Damon in seiner Paraderolle als Jason Bourne in »Die Bourne Verschwörung« (2004). Auch andere Szenen, die eigentlich in Moskau spielten, wurden hier gedreht.

Der nächste Stopp hat es filmtechnisch sogar richtig dick hinter den Ohren. Dafür radelt man einfach über die Spree und durchquert Kreuzberg, bis der Platz der Luftbrücke erreicht ist – und damit der ehemalige Flughafen Tempelhof. Das riesige Flughafenareal diente schon zahlreichen Klassikern als Filmkulisse, wie Steven Spielbergs »Indiana Jones und der Letzte Kreuzzug« (1989), Tony Palmers »Leonard Cohen: Bird on a Wire« (1974) und Billy Wilders »Eins, zwei, drei« (1961).

Weiter geht die filmische Radtour nach Mitte und zum Checkpoint Charlie. Der ehemalige

Ob Oberbaumbrücke, Checkpoint Charlie, Bendlerblock oder die U-Bahnstation an der Messe – ganz Berlin atmet Filmgeschichte.

Grenzübergang erinnert heute nicht nur an den Kalten Krieg und das geteilte Berlin, sondern auch an jede Menge Thriller. Wer hätte gedacht, dass hier nicht nur »Der Spion, der aus der Kälte kam« (1965) gedreht wurde, sondern auch ein James-Bond-Film? In »Octopussy«" (1983) machte Roger Moore als 007 am alliierten Grenzübergang Halt. Noch heute sind Schlagbaum, Kontrollbaracke, Flagge und Sandsäcke ein beliebtes Fotomotiv.

Etwas weiter westlich, beim Bendlerblock, bleibt man beim Kriegsthema. Im Innenhof des Gebäudekomplexes wurde nicht nur der Beinahe-Hitler-Attentäter Claus Schenk Graf von Stauffenberg ermordet – hier wurde auch die berühmteste Verfilmung gedreht. Für den 80 Millionen US-Dollar teuren Hollywood-Film »Operation Walküre – Das Stauffenbergattentat« (2007) setzte sich Tom Cruise persönlich für den Bendlerblock als Drehort ein. Ein Originalschauplatz, der in die Magengrube geht.

Wer nun noch Kraft in den Beinen hat, sollte in die Pedale treten und zum Messedamm fahren. Denn im Internationalen Congress Centrum Berlin wurden Szenen für »Die Tribute von Panem – Mockingjay 2« (2015) abgedreht, die im Film im Untergrund des Kapitols spielen. Tatsächlich aber handelt es sich um die markante Unterführung am Messedamm mit seiner orange gekachelten Optik und den zylindrischen Deckenlampen. Auch für andere Filme diente der Ort als Schauplatz, darunter »Captain America: Civil War« (2016) und »Atomic Blonde« (2017).

FAZIT: BILLIGER ALS KINO – BERLINS BERÜHMTE DREHORTE EINFACH ERRADELN.

Hin & weg: Startpunkt Oberbaumbrücke. Ziel Messedamm.

Beste Zeit: Kurz vor Sonnenuntergang sind die Kulissen am eindrucksvollsten. Und im Frühsommer das Wetter zum Radeln am besten.

Dauer & Strecke: Rund 1 Std. und 20 Min. für gut 20 km.

Ausrüstung: Ein Smartphone, um vor Ort schnell die Szenen Revue passieren zu lassen.

Übrigens: GPX-Download auf Seite 229.

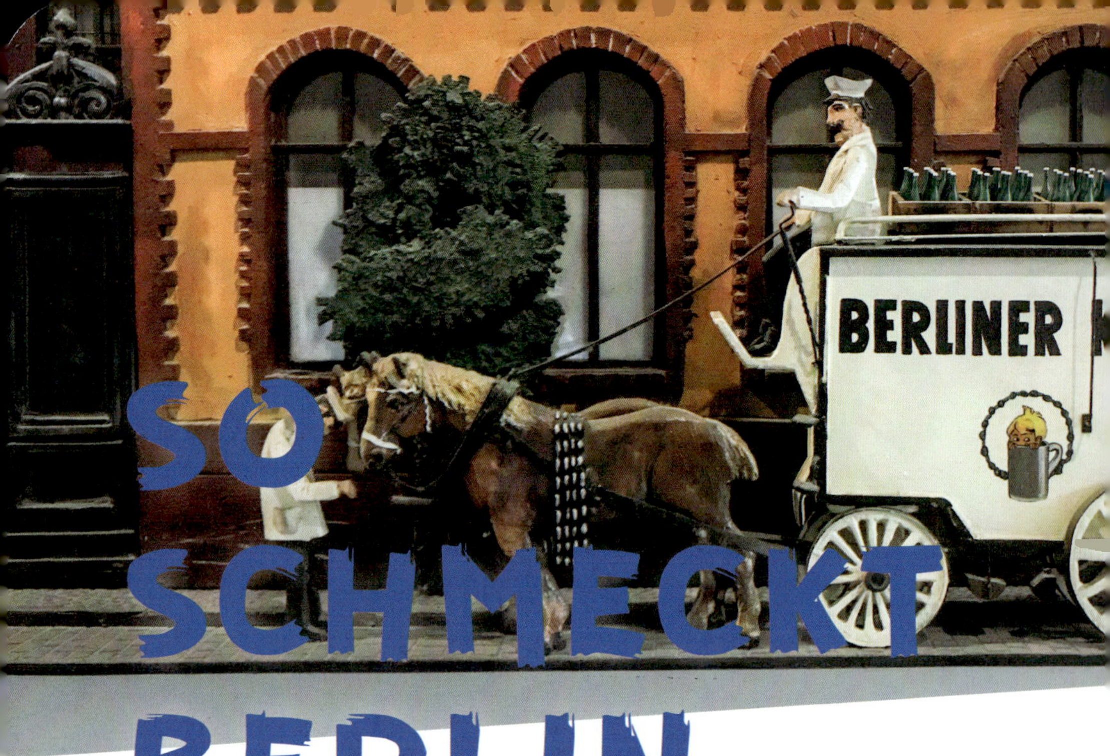

SO SCHMECKT BERLIN

… Brauereitour in Hohenschönhausen

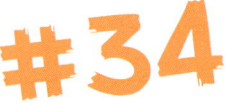

#34

Eine Tour durch die Berliner-Kindl-Schultheiss-Brauerei führt tief hinein in die Geschichte der Berliner Braukunst und entzückt nicht nur Bierliebhaber, sondern auch so manche Geschmacksknopse.

#keinBiervorvier #Braukunst #HopfenundMalz #soschmecktBerlin

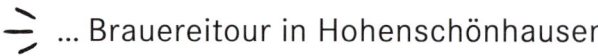

Kaum zu glauben:
Jährlich laufen hier
300 000 Halbliterflaschen
Bier über das Band. Prost!

Bier trinken kann jeder. Aber wer hätte gedacht, dass der Gerstensaft noch viel besser schmeckt, sobald man die Geschichte dahinter kennt?

Diese lernt man am besten bei einer Brauereitour kennen – in der Heimat von Berliner Pilsner, Berliner Kindl und Schultheiss. Im Anschluss kann man sich im hauseigenen Bierkeller mit süffigen Brauspezialitäten verwöhnen lassen. Doch das muss man sich erst einmal verdienen. Die Führung startet am Haupteingang neben dem großen Tor zur riesigen Kindl-Brauerei und mit einem filmischen Geschichtsexkurs. Ein mehrminütiges Video führt in einer großen Aula durch die langjährige Historie des Brauhauses. Und die hat es in sich. So begann alles ganz klein, nämlich mit acht visionären Männern, die 1872 in Rixdorf die Vereinsbrauerei Berliner Gastwirte zu Berlin AG gründeten. Hier erblickte 1890 das erste Berliner Pilsner, ein Bier nach Pilsner Brauart, das Licht der Welt – und rann mit großer Wahrscheinlichkeit gleich eine Kehle runter.

Bis heute ziert ein historischer Braumeister jede einzelne Bierflasche aus der Schultheiss-Brauerei.

Ein voller Erfolg. Auch nach dem Zweiten Weltkrieg konnte sich die Brauerei, dem unbändigen Bierdurst der Deutschen sei Dank, schnell wieder aufrappeln.

Nach dieser kleinen Lehrstunde geht es mitten rein in den Brauprozess und in die heiligen Hallen der Brauerei. Besucher werden unter fachkundiger Führung in die Geheimnisse des Bierbrauens eingeweiht: vom Rohstoff zum Gären, Lagern und Reifen bis hin zum fertigen Produkt in den markanten Flaschen.

Eins wird schnell klar: Hier trifft innovativste Technik auf über Generationen weitergegebenes Handwerk. Bierbrauen nennt man schließlich nicht ohne Grund eine Kunst, die jede Menge Fingerspitzen- und Geschmacksknospengefühl verlangt.

Man lernt Erstaunliches: Für jedes Bier werden eigens ausgewählte Malz- und Hopfensorten verwendet. Die Hefe stammt aus einer betriebseigenen Reinzuchtanlage. Und das Brauwasser kommt aus dem eigenen Tiefenbrunnen und wird besser gefiltert als so manches Trinkwasser.

Maischen und Läutern gehörten bisher nicht unbedingt zum geläufigen Wortschatz? Das wird sich nach dieser Tour ändern. Denn jeder Schritt des Bierbrauens wird fast minutiös erklärt. Vom Vermischen des geschroteten Malzes mit Brauwasser (Maischen) über das

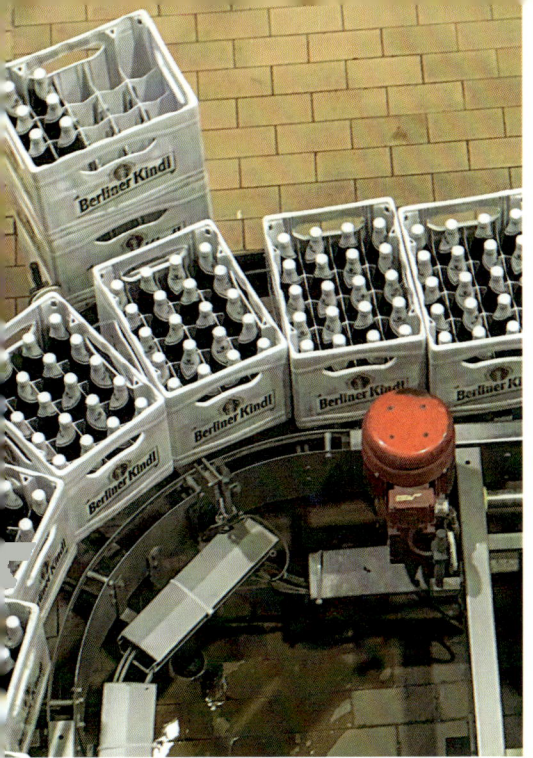

Wer einmal hinter die Kulissen geschaut hat, weiß bei jedem Schluck die Historie dieser Brauerei zu schätzen.

Umwandeln in vergärbaren Zucker bis zum Filtrieren (Läutern) der Masse, durch das die Feststoffe (Treber) von der Würze getrennt werden. Anschließend wird das Bier in Drucktanks gelagert, bis es in der Abfüllanlage in Flaschen abgefüllt wird. Genau das ist auch das klirrende Highlight der Führung, wo es im wahrsten Sinne des Wortes rund geht, wenn bis zu 50 000 Flaschen über die Bänder laufen – pro Stunde. Klingt komisch, ist aber so. Wer vom Staunen schon einen trockenen Mund hat, darf beruhigt sein. Denn der krönende Abschluss der Tour ist ein Besuch des hauseigenen Bierkellers, wo deftiges Essen und – wie soll es anders sein – frisch gezapftes Bier gereicht wird. So endet die Tour standesgemäß mit einer Hopfenkaltschale frisch vom Erzeuger.

> **FAZIT: EINE TOUR NACH JEDEM GESCHMACK – BRAUKUNST VOM HOPFEN BIS INS GLAS.**

Hin & weg: Mit der Tram zum Betriebshof Indira-Gandhi-Straße.

Beste Zeit: Ganzjährig. Im Sommer lockt die leichte Berliner Weiße, im Herbst die Aussicht auf ein Bockbier.

Dauer: Ca. 1,5 Std. plus anschließende Bierverkostung.

Ausrüstung: Durst.

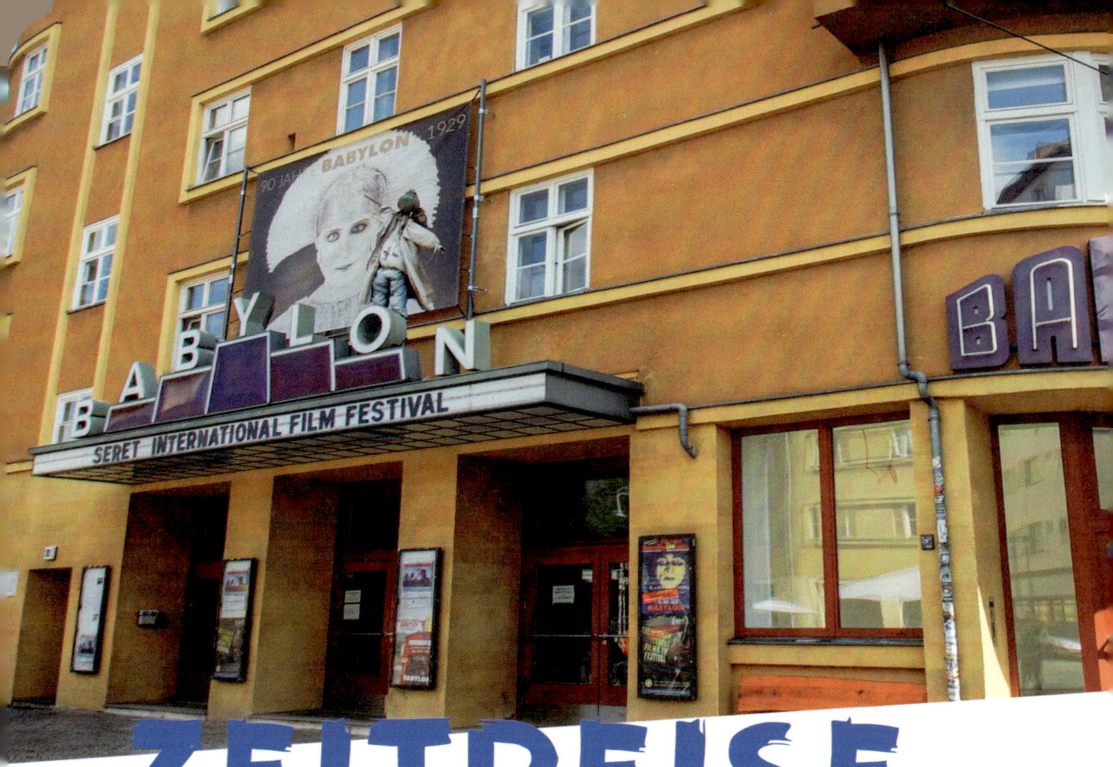

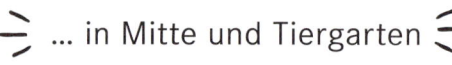

ZEITREISE

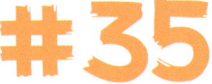

... in Mitte und Tiergarten

#35

Glamouröse Varietés, Tanzlokale und Stummfilme – die Goldenen Zwanziger machten Berlin zur angesagtesten Stadt der Welt. Eine kulturelle wie architektonische Tour zum Berlin der 1920er- und frühen 1930er-Jahre.

#goldeneZwanziger #Revuepassieren #Bohème #ArchitekTour

Das Kino Babylon (links) und das Shell-Haus sind die besten Beispiele für die Architektur der 1920er- und 1930er-Jahre.

Die letzten Jahre der Weimarer Republik faszinieren bis heute. Dabei war das Berlin der Zwanziger weit mehr als Federboas, Strumpfhalter und Zigarettenspitze – das zeigt eine Feierabendeskapade zu den Überbleibseln des für die Spreemetropole prägenden Jahrzehnts.

Die Tour beginnt bei einem der beliebtesten Kinos der Stadt: dem Babylon am Rosa-Luxemburg-Platz in Mitte, gegenüber der Volksbühne. Während diese in den 1910er-Jahren fertiggestellt wurde, entstammt das legendäre Babylon dem folgenden Jahrzehnt. In den Jahren 1928/1929 nach den Plänen des Architekten Hans Poelzig errichtet, wurde es als Stumm-filmkino mit Orchestergrube und Kinoorgel zur musikalischen Begleitung eröffnet. Auch wenn Letztere dem modernen Kino längst zum Opfer gefallen sind, geht das Babylon bis heute seinem alten Nutzen nach und erfreut sich bei Berliner Kinofreunden ungebrochener Beliebtheit. Trotz zwischenzeitlicher Einsturzgefahr hat das Gebäude mit seiner gebogenen Fassade an Grazie nichts verloren. Im Gegenteil, die Restaurierung wurde 2002 sogar mit dem Deutschen Preis für Denkmalschutz ausgezeichnet. Wer der Schnitzeljagd zu den architektonischen Highlights der Zwanziger weiter folgt, muss nicht weit gehen. Einfach der Weydingerstraße bis zur Kreuzung Torstraße/

Karl-Liebknecht-Straße folgen und schon steht man vor einem weiteren Zeugnis moderner Architektur. Während das heutige Soho House früher Kaufhaus Jonaß hieß und 1929 als ers- tes Kreditkaufhaus eingeweiht wurde, befindet sich heute darin der Privatclub Soho House Berlin. Man muss den wuchtigen Gebäudekomplex im Stil der Neuen Sachlichkeit nicht einmal betreten, um seinem Charme zu verfallen. Auch von der Kreuzung aus wähnt man sich schnell in einem anderen Zeitalter. Die U-Bahnstation Rosa-Luxemburg-Platz ist nicht weit und schon nach vier Stationen mit der U2 steht man nur 750 Meter vom U-Bahnhof Spittelmarkt entfernt vor dem nächsten Vorzeigebau der 1920er-Jahre: dem Mosse-Zentrum. Dieses steht dem Soho House an Größe und Pracht in nichts nach. Der Sandsteinbau mit Jugendstil-Elementen ist nach Rudolf Mosse benannt, dem Bauherrn und ehemaligen Herausgeber des Berliner Tageblattes. Kein Wunder also, dass es sich im Herzen des historischen Zeitungsviertels von Berlin befindet.

Ob Babylon oder Soho House (links), Mosse-Zentrum oder Shell-Haus (rechts) – die Klänge der Chansons kann man an jeder Ecke Berlins hören.

Tatsächlich wurde das Mossehaus schon zwischen 1900 und 1903 errichtet. Ein markantes Bauteil aber wurde im Zuge eines Umbaus von 1921 bis 1923 im Stil der Neuen Sachlichkeit ergänzt. Durch die verwendeten Baumaterialien horizontal stark gegliedert, vermittelt die Eckfassade bis heute einen ganz eigenen Eindruck.

Wer glaubt, das sei nicht mehr zu toppen, dem sei ein letzter Abstecher zum Shell-Haus empfohlen. Es ist nur vier Haltestellen mit der U2 in westlicher Richtung entfernt. Direkt am Landwehrkanal wird man von einer ungewöhnlichen Fassade empfangen. Tatsächlich erzeugt das auch in den 1920ern geplante und 1930 bis 1932 errichtete Shell-Haus mit seinen abgerundeten Gebäudeecken und Fenstern die Dynamik einer Welle. So springt die Fassade immer um eine Fensterfront nach vorne und legt dabei gleichzeitig um ein Geschoss zu. Ein Hingucker sind vor allem auch die Materialien. Denn während für die Stahlskelett-Konstruktion nur hochwertige Materialien aus Bronze und Stahl verarbeitet wurden, ist die Außenverkleidung aus Travertin, einem hellen Kalkstein, der eigens aus Rom importiert wurde.

Immer noch nicht genug von den 1920er-Jahren? Dann empfiehlt sich eine Rückkehr an den Start dieser Eskapade. Wer weiß, für welchen Film das altehrwürdige Babylon heute Abend seine Vorhänge aufzieht.

FAZIT: JA, SIE LEBEN NOCH, DIE WILDEN 20ER IN BERLIN.

Hin & weg: Mit der U2 geht es vom Rosa-Luxemburg-Platz über den Spittelmarkt bis zum Mendelssohn-Bartholdy-Platz. Von dort zu Fuß zum Reichpietschufer. Und wieder zurück.

Beste Zeit: Noch vor Sonnenuntergang. Am besten im Sommer, wenn die Gebäude in ihrer vollen Pracht erstrahlen.

Dauer & Strecke: Rund 1,5–2 Std. für ca. 5 km.

Ausrüstung: Bequeme Schuhe und eine Kamera für die Architektur-Highlights.

Übrigens: GPX-Download auf Seite 229.

STILL-GESTANDEN

⌐ ... beim Hauptmann von Köpenick ⌐

#36

Köpenick atmet Kriminalgeschichte –
und was für eine. Zeit für eine besondere
Feierabend-Eskapade auf den Spuren von
Friedrich Wilhelm Voigt, jenem Schuhmacher, der als Hauptmann von Köpenick
die Obrigkeit zum Narren hielt und ganz
Preußen zum Lachen brachte.

Köpenick ist nicht nur einer der ältesten Stadtteile Berlins, sondern hat auch einen berüchtigten Prominenten hervorgebracht: den Hauptmann von Köpenick. Bis heute ist dieser weit über die Grenzen des Stadtteils,

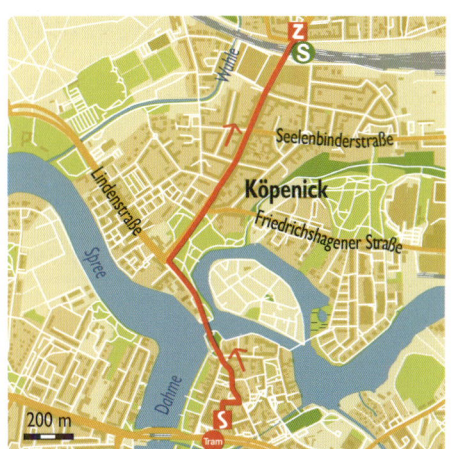

ach was Deutschlands, hinaus berühmt. Das war er tatsächlich schon im Jahr 1906, als der vorbestrafte Schuhmacher in die Geschichtsbücher der damals noch eigenständigen Stadt Köpenick einging. Doch was war denn eigentlich passiert?

Die Tour startet man auf eigene Faust im fast vollständig erhaltenen Altstadtkern. Und zwar am Rathaus, das die Zeiten bestens überdauert hat und als Juwel der märkischen Backsteingotik gilt.

Nachdem der aus Ostpreußen stammende Schuhmacher Friedrich Wilhelm Voigt mit der Berliner Stadtbahn zu eben diesem Rathaus Köpenick gelangt war, drang er am 16. Oktober 1906 in einer spektakulären Aktion dort ein. Für seinen Coup hatte sich Voigt beim Trödel die Uniform eines Hauptmanns des preußi-

Die Geschichte des Hauptmanns wurde mehrfach verfilmt – mal mit Heinz Rühmann, mal mit Harald Juhnke in den Hauptrollen.

schen 1. Garde-Regiments zusammengestellt. In voller Montur verkleidet, versammelte er zunächst einen Trupp gutgläubiger Soldaten um sich, mit denen er daraufhin kurzerhand den Bürgermeister verhaftete und die Stadtkasse raubte.

Schon vor dem Rathaus werden Besucher von einer lebensgroßen Statue des »Räuberhauptmanns« begrüßt, samt dickem Schnurrbart und stattlicher Uniform. Im Inneren wartet die Dauerausstellung »Der Hauptmann von Köpenick – Vom Sträfling zur Legende« mit zahlreichen Ausstellungsstücken rund um den berühmten Raub – nämlich genau am Ort des Geschehens, im Kassenraum. Die Ausstellung zeichnet den Verlauf der Ereignisse nach.

Weiter geht die Spurensuche am Ufer von Dahme und Spree entlang zum rund zwei Kilometer entfernten Bierstübchen Hauptmann von Köpenick, das direkt gegenüber vom Bahnhof liegt. Hier im Bahnhofsrestaurant ließ sich Voigt nach seinem Gaunerstückchen ein Glas Bier kredenzen, das er Augenzeugenberichten zufolge in einem Zug leerte. Dann verschwand er mir nichts, dir nichts mit der nächsten Bahn in Richtung Berlin.

Ganz Preußen lachte über den »unerhörten Gaunerstreich, der (...) wie ein lustiger Operettenstoff anmutet« (Vossische Zeitung). Das kann man auch heute noch, besonders gut im urigen Bierstübchen – in Gedenken an einen der verrücktesten Raubüberfälle aller Zeiten.

FAZIT: DEN KULTSTATUS DES HAUPTMANNS VON KÖPENICK AM EIGENEN LEIB ERFAHREN ... UND ERTRINKEN.

Hin & weg: Mit der S-Bahn bis Berlin-Spindlersfeld, weiter mit der Tram 61/63 bis Schlossplatz Köpenick. Zurück ab S-Bahnhof Köpenick.

Beste Zeit: Aktuelle Öffnungszeiten gibt's auf www.berlin.de > Museum Treptow-Köpenick > Museen > Hauptmannausstellung.

Dauer & Strecke: Rund 1 Std. für 2 km.

Ausrüstung: Keine.

Übrigens: GPX-Download auf Seite 229.

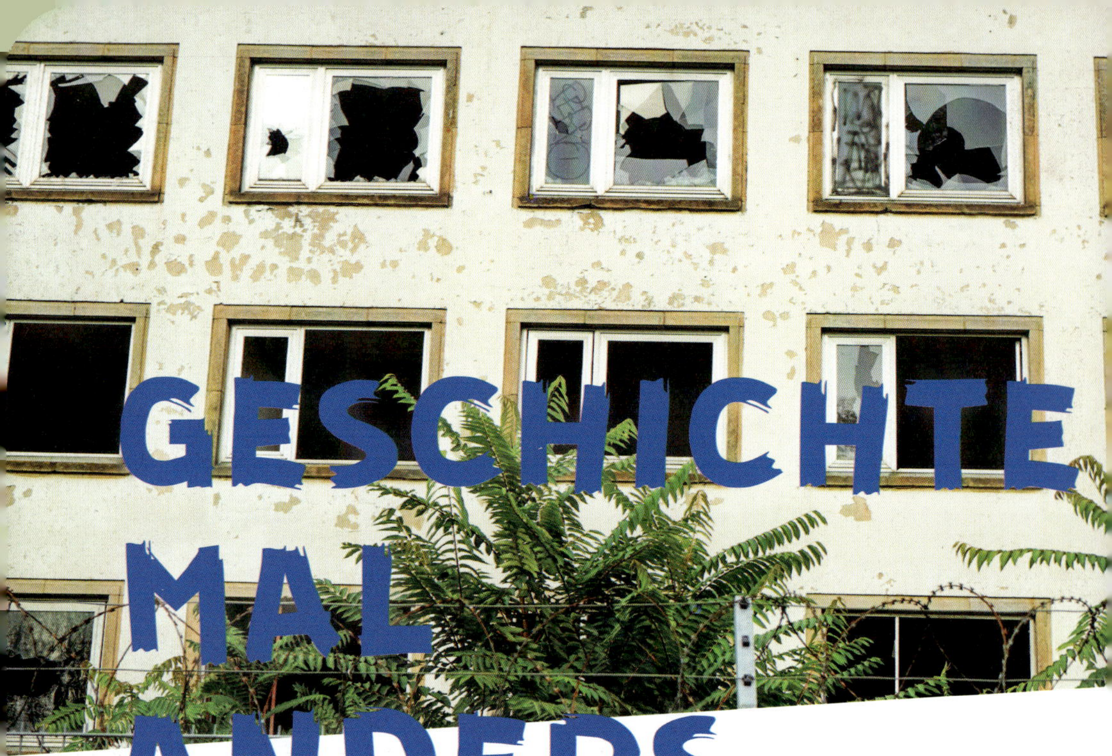

GESCHICHTE MAL ANDERS

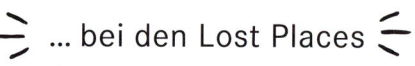

… bei den Lost Places

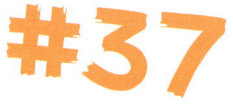

#37

Ein Ausflug zu den vergessenen Bauwerken der Hauptstadt gleicht einer Reise mit der Zeitkapsel ins Berlin längst vergangener Jahrzehnte. Man entdeckt alte Architekturstile, wiedererstarkte Natur und sagenumwobene Mythen.

#LostPlaces #verlasseneOrte #Mauerflüsterer #offthemap

Betreten verboten

Die Nostalgie dieser Gebäude genießt man von außen.

Ehemalige Botschaften, aufgegebene Militäreinrichtungen und verlassene Herrenhäuser: Das eigenständige Erkunden von Lost Places boomt und übt eine unwiderstehliche Faszination auf Menschen aus.

Mit dem Besuch eines verlassenen Ortes betritt man eine andere Welt einer anderen Zeit. Auch in Berlin gibt es jede Menge solcher Gebäude, deren einzigartigen Charme sie dem Zahn der Zeit verdanken, der an ihnen nagt. Nicht selten sind sie baufällig und das Betreten des Geländes meist verboten. Aber keine Sorge, Urban Exploring macht auch von außen Spaß und entfacht im warmen Abendlicht einen besonderen Charme. Ein perfekter Start ist das ehemalige Sporthotel am Weißenseer Weg, Ecke Konrad-Wolf-Straße in Hohenschönhausen. Was die Pendler beim Vorbeifahren kaum merken: Das Gebäude ist völlig

Einst ein Architekturprunkstück, heute ein Highlight vieler Ruinen-Liebhaber: die ehemalige irakische Botschaft.

verwahrlost, gerade so, als hätte der Letzte vor vielen Jahren einfach nur das Licht ausgemacht. Es ist einer der Orte, die noch heute Geschichten erzählen. Mit jedem Stein, jeder

bröckelnden Wand und jeder Pflanze, mit der die Natur den Ort des menschengemachten Bauwerks wieder für sich einnimmt.

Wer in Richtung Weißensee weiterfährt, gelangt zum ehemaligen Kinderkrankenhaus in der Hansastraße 150. Die Ruinenlandschaft begrüßt Besucher mit Wänden voller Street-Art und eingestürzten Dächern. Der einst prächtige Bau im 28 000 Quadratmeter großen Gelände wurde 1901 als erstes kommunales Säuglings- und Kinderkrankenhaus Preußens eröffnet. So verfügte es sogar über einen Kuhstall mit 36 Kühen samt Molkerei, um die Versorgung der Säuglinge mit Milch zu gewährleisten.

Ein Highlight für Architekturfans hingegen ist die ehemalige irakische Botschaft in der Tschaikowskistraße 51. In einem Plattenbau

der 1970er-Jahre war zwischen 1974 und 1991 in Pankow, dem traditionellen Diplomatenquartier der DDR, die irakische Botschaft untergebracht. Während des Irakkriegs hatte die Bundesregierung 1991 das Personal der irakischen Botschaft aufgefordert, umgehend das Land zu verlassen. Das Gebäude wurde von heute auf morgen sich selbst überlassen. Viele Einrichtungsgegenstände aber blieben zurück: alte Schreibmaschinen, Schreibtische, Bücher und sogar Dokumente und Aktenordner. Man sagt, es hingen sogar noch jahrelang Porträts von Saddam Hussein an den Wänden. Bis vor wenigen Jahren war das Betreten des Gebäudes nicht einmal untersagt. Dem ist heute aber nicht mehr so. Doch auch vor dem hohen Zaun der ehemaligen Botschaft kann man ihn spüren, den Charme längst vergangener Diplomatie.

FAZIT: GESCHICHTE, MAL ANDERS. EIN BESUCH VERGESSENER ORTE IST EINE REISE IN DIE VERGANGENHEIT.

Hin & weg: Mit der Straßenbahn zur Hohenschönhauser Straße und zurück mit der Straßenbahn ab Tschaikowskistraße.

Beste Zeit: Das mystische Licht des Sonnenuntergangs im Sommer.

Dauer & Strecke: 2–3 Std. für ca. 14 km.

Ausrüstung: Fotoapparat und Fernglas.

Übrigens: GPX-Download auf Seite 229.

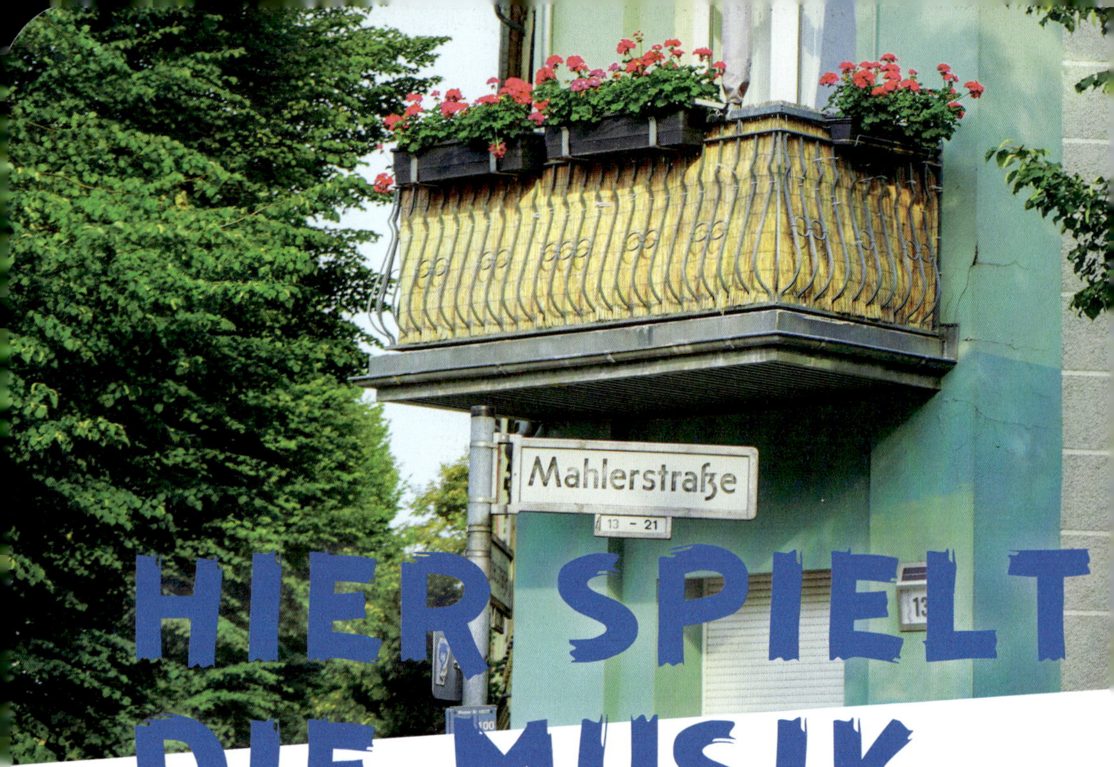

HIER SPIELT DIE MUSIK

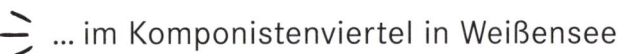

... im Komponistenviertel in Weißensee

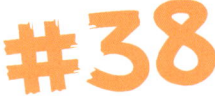

#38

Kaum jemand ahnt, dass es hinter der chaotischen Berliner Allee in Weißensee plötzlich ganz ruhig, beschaulich und vor allem historisch zugeht. Es ist Zeit für einen Spaziergang durch das Komponistenviertel, das unglaublich viele Geschichten erzählen kann.

#vonBizetbisChopin #musikalischunterwegs #gutversteckt #Currywurst

Einen besonderen
Blick verdienen die
pittoresken Hauseingänge
des Komponistenviertels.

Das Komponistenviertel war nicht immer ein Viertel, in dem Straßen nach berühmten Komponisten benannt waren. Angefangen hat hier alles im Jahr 1870, als der Bezirk Weißensee noch nicht offiziell zu Berlin gehörte, seine Lage und die Nähe zur Stadtmitte am Alexanderplatz ihn aber perfekt zum Wohnen machten. Zwischen dem Antonplatz und der heutigen Indira-Gandhi-Straße wurde ein großes Wohnviertel gebaut, in dem die Straßen noch

Namen von jenen französischen Landschaften und Orten trugen, die den Deutsch-Französischen Krieg 1870/71 verherrlichten. So wurde das jetzige Komponistenviertel erst einmal zum Französischen Viertel, bis 1951 alle Straßen berühmte Komponistennamen bekamen.

Tatsächlich gibt es dafür bis heute keine genaue Erklärung, aber dafür ist es umso schöner, von Straße zu Straße zu laufen und immer wieder neue Namen von Berühmtheiten zu entdecken. Los geht der Spaziergang an der Ecke Bizetstraße und Mahlerstraße. Schon hier merkt man, wie der Lärm der dicht befahrenen Berliner Allee verstummt. Kaum zu glau-

ben, dass es auch im Komponistenviertel mal anders zuging. In seiner Anfangszeit war das Viertel geprägt von Industrie. Hier wurde Gummi hergestellt und Leder verarbeitet und genau jene Düfte flogen damals durch die schmalen Straßen des Französischen Viertels. Heute riecht man nichts mehr davon. Höchstens eine Wolke Currywurstduft von Konnopke's Imbiss am Anfang der Mahlerstraße. Doch der darf sein, denn er ist legendär. Kaum einer weiß, dass eine der berühmtesten Currywurstbuden Berlins im Weißenseer Komponistenviertel steht. Sie wird von Günther Konnopke, dem Sohn der Currywurst-Legende, geleitet und versprüht mit jedem Bissen ein Stückchen Berlin-Geschichte.

Abseits des Currywurst-Geruchs geht es jetzt aber tiefer hinein in das Komponistenviertel. Weiter die Mahlerstraße hinauf, über die Mey-

Neben historischen Fassaden ist vor allem der 1880 angelegte jüdische Friedhof mit seinen 116 000 Gräbern das Highlight im Viertel.

erbeerstraße und die Gounodstraße, hinein in die Puccinistraße. Hier wirkt das Viertel plötzlich gar nicht mehr so, als wäre es noch in Berlin. Hier erinnert es mit seinen dreigeschossigen Häusern und den dichten Kastanienbäumen viel mehr an eine schicke Kleinstadt in Brandenburg. Doch auch das ist noch Berlin und das merkt man spätestens, wenn man einen Blick durch das Tor der Puccini-Hofgärten wirft. In den letzten Jahren entstand auf einer Fläche, wo sich einst die Gummiwarenfabrik Carl Müller befand, Luxuswohnen auf 11 000 Quadratmetern. Das ist Kontrastprogramm à la Berlin.

Aber es geht noch weiter. Denn wenn man an den Puccini Hofgärten vorbeischlendert und rechts in die Herbert-Baum-Straße abbiegt, spaziert man geradewegs auf den flächenmäßig größten erhaltenen jüdischen Friedhof Europas zu. Seit den 1970er-Jahren steht er bereits unter Denkmalschutz und kann täglich besucht werden, wobei man die Gräber von Samuel Fischer, dem Gründer des Fischer-Verlags, und Berthold Kempinski, dem Namensgeber der berühmten Hotelkette, nicht verpassen sollte.

Das Komponistenviertel in Weißensee ist ein Mix aus allem – aus wunderschöner Architektur, aus historischen Fakten, aus moderner Entwicklung und einem Flair, das an manchen Ecken so gar nicht wie Berlin wirkt – bis zum ersten Bissen in Konnopke's Currywurst.

FAZIT: AN JEDER ECKE LAUERT EINE NEUE GESCHICHTE, DIE BERLIN GESCHRIEBEN HAT.

Hin & weg: Am besten mit der Tram bis zum Antonplatz und dann zu Fuß.

Beste Zeit: Im Herbst versprüht das Viertel einen ganz besonders nostalgischen Charme.

Dauer & Strecke: Die reine Spazierzeit beträgt für 1 km nicht mehr als 1 Std. mit Fotostopps.

Ausrüstung: Kleingeld für die Currywurst.

Übrigens: GPX-Download auf Seite 229.

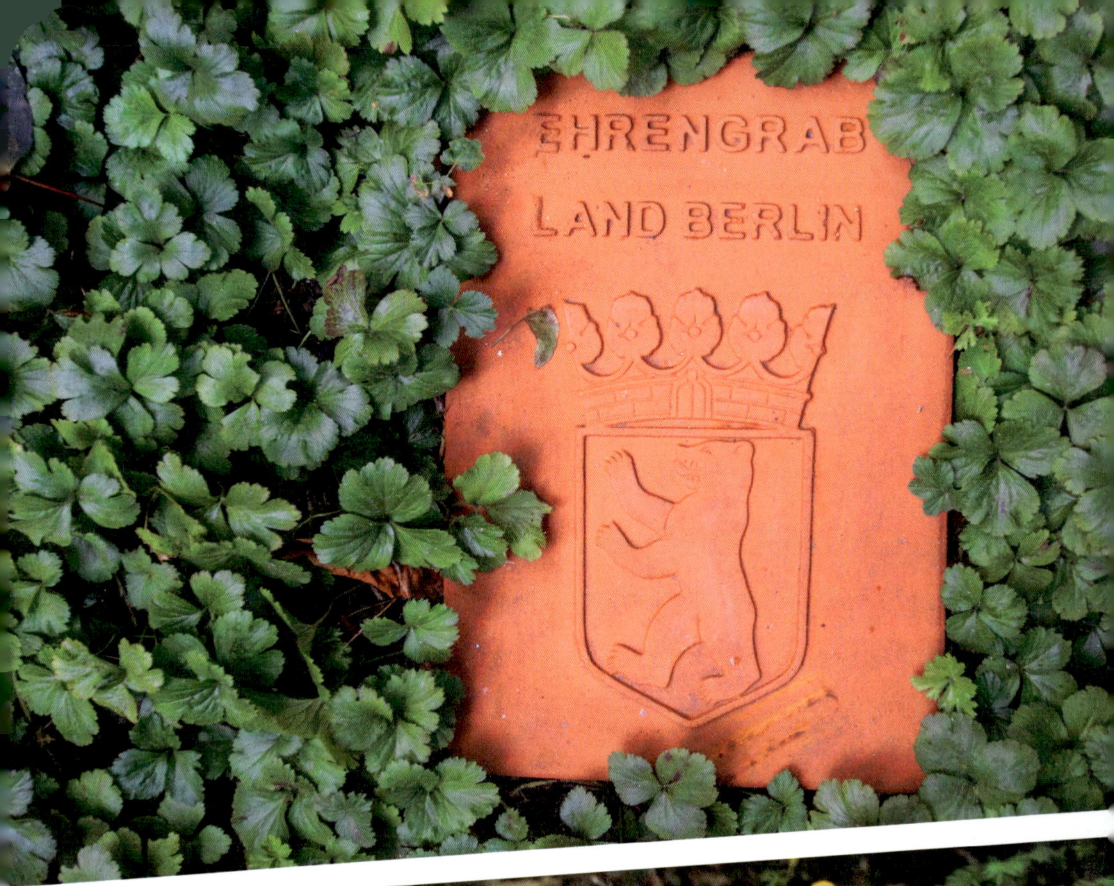
EHRENGRAB
LAND BERLIN

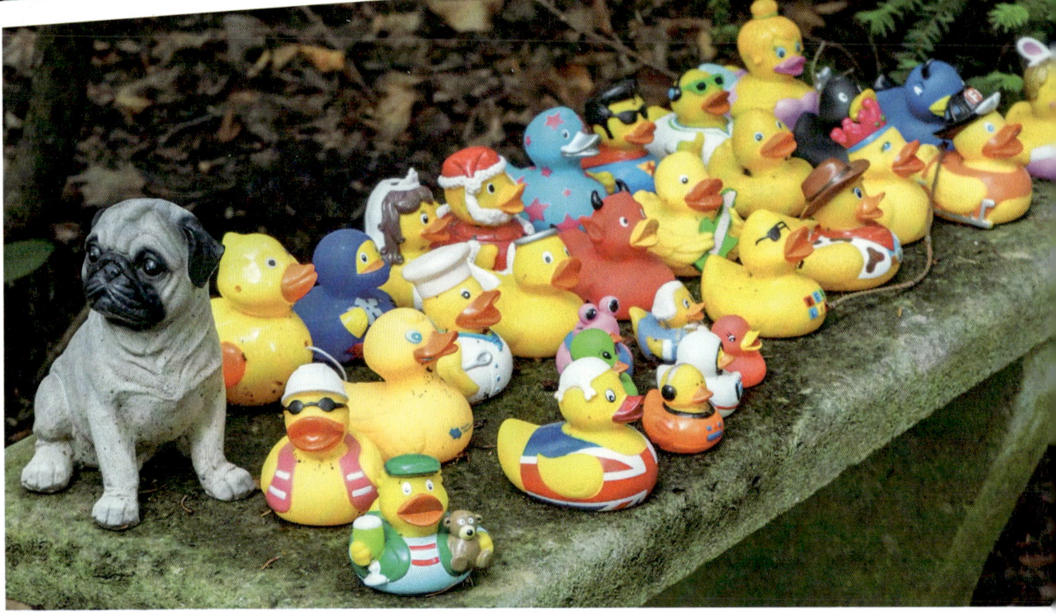

DIE LETZTE POINTE

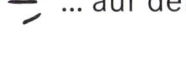 ... auf dem Friedhof Heerstraße in Westend

#39

Kaum einer hat die deutsche Comedy-Landschaft so geprägt wie Vicco von Bülow. Loriot war immer für eine Pointe gut. Genau das kann man auch heute noch erleben: auf dem Friedhof Heerstraße. Ein Bildungsspaziergang der etwas anderen Art.

Eine schöne Geste: Bis heute legen viele Besucher eine Quietscheente an das Grab von Loriot.

Wenn der Spaziergang durch einen Friedhof plötzlich eine lustige Note bekommt, dann befindet man sich mit ziemlicher Sicherheit auf dem Park- & Waldfriedhof Heerstraße im Berliner Ortsteil Westend des Bezirks Charlottenburg-Wilmersdorf. Wer vor dem Haupteingang des Berliner Olympiastadions links abbiegt, wird von altehrwürdigen Bäumen begrüßt, die sich seitlich der Straße sachte im Wind wiegen. Dass der Friedhof Heerstraße vom Charme längst vergangener Zeiten umweht wird, ist kein Wunder. Er wurde bereits 1924 eröffnet.

Gegenüber der Friedhofsgärtnerei Haase Bernhard betritt man den Park und fühlt sich sofort in eine andere Zeit versetzt. Dichtes, sattgrünes Moos überwuchert altes Kopfsteinpflaster. Jahrhundertealte Bäume lassen ihre Äste weit über die schmalen Wege hängen. Und zwischen der unglaublichen Beschaulichkeit der Parkanlage kann man ganz nebenbei die Gräber einiger Berühmtheiten entdecken. Wer etwa einen kleinen Abstecher in die deutsche Filmgeschichte machen will, läuft direkt links den Berg hinunter. Dort befindet sich das Grab von einem der größten Schauspieler, die Deutschland je hatte: Urgestein Horst Buchholz, der deutsche James Dean.

Danach begibt man sich am besten in einem großen Bogen hinunter zum Sausuhlensee, an dessen Ufer sich der Park schmiegt. Wer daran entlangspaziert, gelangt in einen der ältesten Teile der Friedhofsanlage, dort, wo die Bäume noch älter und noch größer wirken. Genau hier liegt bereits seit 1934 einer der wortgewandtesten Schriftsteller und Dichter des Landes begraben: Joachim Ringelnatz. Apropos wortgewandt, wer dem Weg wieder in Richtung Haupteingang nach oben folgt, stößt auf das

eigentliche Highlight des Parkfriedhofs. Nicht wundern, wenn auf dem Weg dahin ein gelbes Etwas durch das grüne Geäst blitzt. Denn die nächste berühmte Grabmauer ist über und über mit Quietscheenten versehen. Die kennt der geübte Fernsehzuschauer vielleicht aus einem der berühmtesten Sketche der deutschen TV-Geschichte: den »Herren im Bad« von Loriot aus dem Jahr 1978. Genau dieser Loriot, alias Vicco von Bülow, hat direkt unterhalb der Kapelle seine letzte Ruhestätte gefunden. Noch heute erweisen Freunde, Fans und Weggefährten dem deutschen Humoristen, Autor und Filmemacher auf ganz besondere Weise ihre letzte Ehre. Sie bestücken sein Grab mit Quietscheenten. Ein Anblick, der einem ein Schmunzeln ins Gesicht zaubert, so wie einst die Sketche von Loriot. Vorsicht, auf dem Weg zurück zum Ausgang ist dieses Grinsen kaum aus dem Gesicht zu bekommen.

Hin & weg: Mit der U2 bis U Olympia-Stadion oder mit der S3, S5, S7 oder S9 bis S-Bahnhof Olympiastadion. Von dort jeweils zu Fuß weiter.

Beste Zeit: Der Friedhof ist das ganze Jahr über einen Besuch wert, entfaltet aber im Herbst einen ganz besonderen Charme.

Dauer: Je nach Lust und Laune 30 Min. bis über 1 Std.

Ausrüstung: Eine Quietscheente als Gastgeschenk.

JETZT WIRD'S BUNT

 ... in der Gartenstadt Falkenberg

 **#40** Wer in der Tuschkastensiedlung in Bohns-dorf wohnt, der lebt in einem UNESCO-Welterbe. Die Wohngegend ist ein perfek-ter Ort für einen ausgiebigen Spaziergang. Ein Feierabendausflug für alle mit einem Hang zu Nostalgie – und Architektur.

Die Tour startet am S-Bahnhof Berlin-Grünau. Von hier sind es über die Bruno-Taut-Straße nur noch fünf Minuten zur Gartenstadt Falkenberg im Berliner Ortsteil Bohnsdorf im Bezirk Treptow-Köpenick, im Volksmund auch Tuschkastensiedlung genannt.

Wieso das? Ganz einfach: Sie sieht aus wie einmal in den Farbkasten gefallen. Ein Haus ist bunter als das andere und tatsächlich haben zwei selten die gleiche Farbe. Dahinter verbirgt sich eine wundervolle Geschichte. Entworfen wurde die Wohnsiedlung von dem Architekten Bruno Taut, der hier 1913–1915 im Sinne einer Lebens- und Kulturreform die englische Gartenstadtidee aufgriff. Er setzte also Farbe als architektonisches Gestaltungsmerkmal ein. Doch damit nicht genug. Was den Charme der Siedlung ebenfalls ausmacht, ist die Lage am Hang. Dabei sollten sich, nach dem Vor-

bild englischer Reihenhäuser, Quartiere mit zweigeschossigen Zeilen aneinanderfügen, die im Rhythmus der ansteigenden Topografie gestaffelt werden. So reihen sich noch heute die putzigen Häuser die Straßen hinauf, eines scheinbar höher und bunter als das andere.

Die Farbkonzeption ist so einmalig, dass die Tuschkastensiedlung im Juli 2008 als eine von sechs Wohnsiedlungen der Berliner Moderne in die Unesco-Liste des Weltkulturerbes aufgenommen wurde.

Von besonderer Bedeutung ist der Bereich rund um den Akazienhof, wo zunächst nur 34 Wohnungen und im zweiten Abschnitt im Gartenstadtweg 93 Wohnungen realisiert wurden. Der Grund hierfür waren wirtschaftliche Schwierigkeiten, die unter anderem mit dem Ersten Weltkrieg einhergingen. Sämtliche Ge-

Gelb, Orange und Lila-Blassblau: In der Tuschkastensiedlung wohnt jeder in einer »Villa Kunterbunt«.

bäude dieses ältesten Bereichs der Siedlung stehen unter Denkmalschutz.

Der beste Tipp ist es, sich einfach treiben zu lassen und seinen Instinkten zu folgen. Von bunt zu noch bunter. Ockergelb reiht sich an Siena-Rot, Himmelblau an Schweinchenrosa. Und dazwischen hängen hölzerne Fensterläden wie kleine Extra-Farbtupfer an den Wänden.

Unbedingt sollte man auch einen Blick in die Gärten zwischen den Häusern und Höfen werfen. Denn dies war die erste Siedlung, bei der für die Gärten der Mieter ein ausgewiesener Gartenarchitekt beauftragt wurde. Nämlich mit der einheitlichen Bepflanzung der bis zu 600 Quadratmeter großen Parzellen und damit dem Ziel einer räumlichen Gliederung des gesamten Areals.

Noch heute findet man vor allem liebevoll instand gehaltene Gärten vor. Kletterpflanzen ranken an Wänden empor, Baumreihen bilden perfekte Symmetrien und Spalierobst ziert den ein oder anderen Hinterhof. So geht Idylle, auch über 100 Jahre nach dem Bau der Häuser. Beinahe fühlt man sich wie in einem Film – irgendwo zwischen der Verrücktheit von Tim Burton und dem Minimalismus Wes Andersons.

All das macht einen Spaziergang durch die Gartenstadt zu weit mehr als einem kurzen Füßevertreten, sondern zu einer Reise in eine aus der Zeit gefallene Welt.

FAZIT: DIE TUSCHKASTENSIEDLUNG WIRKT WIE EINE FILMKULISSE ZUM VERLIEBEN.

Hin & weg: Mit der S8, S45, S46 oder S85 bis Berlin-Grünau.

Beste Zeit: Besonders bunt im Herbst, wenn das Laub noch Extrafarbtupfer hinzufügt. Unbedingt noch bei Tageslicht.

Dauer & Strecke: 1–2 Std. für ca. 2,5 km.

Ausrüstung: Smartphone oder Kamera für Fotos.

GE
CHIEN MILITAIRE

RSICHT

BIS

GRENZ-
GÄNGER

 ... mit dem Fahrrad durch die Sektoren

Geschichte kann man in Berlin fast überall mit Haut und Haaren erleben. Vor allem aber dann, wenn man es darauf anlegt. Zum Beispiel auf einer Radtour durch die ehemaligen Besatzungszonen – von Osten nach Norden und über Westen nach Süden.

Es ist schwer vorstellbar für alle, die die Zeit der »Berlin-Frage« nicht miterlebt haben. Im Februar 1945 setzten sich der Amerikaner Franklin D. Roosevelt, der Brite Winston Churchill und der Russe Josef Stalin in Jalta auf der ukrainischen Krim zusammen, um eine ganze Stadt in Sektoren aufzuteilen. Bis 1990 hielt dieser Zustand in Berlin an. Doch bis heute kann man die Unterschiede zwischen den Sektoren spüren, wenn man genauer hinschaut. Zum Beispiel vom Fahrrad aus.

Los geht die Tour in der Karl-Marx-Allee, die sich über die Berliner Bezirke Friedrichshain und Mitte erstreckt. Perfekter Ausgangspunkt ist der Strausberger Platz, der nicht nur einer der städtebaulichen Höhepunkte der Straße ist, sondern auch das Herz der riesigen Allee. Bei einem Abstecher vom Strausberger Platz zum Frankfurter Tor passiert man jene Gebäuden, die damals als sogenannte Arbeiterpaläste konzipiert wurden und so die Stärke und Ingenieurskunst der DDR ausdrücken sollten.

Vom ehemaligen Sektor der UdSSR aus geht es nun über die Spree, durch die Heinrich-Heine-Straße und die Oranienstraße direkt in den amerikanischen Sektor zum Checkpoint Charlie. Ab August/September 1961 wurden an diesem Kontrollpunkt vor allem die Angehörigen des US-amerikanischen Militärs beim Überschreiten der Sektorengrenze registriert und belehrt.

Nach dem Checkpoint Charlie geht es direkt in den britischen Sektor, nämlich am Bran-denburger Tor vorbei, durch den Tiergarten, entlang der Straße des 17. Juni bis zum Ernst-Reuter-Platz und dann direkt zum Theater Die Wühlmäuse. Was heute ein wunderbares Ka-barett-Theater ist, das im Übrigen von keinem Geringeren als Didi Hallervorden gegründet

Gebäude, die Geschichte(n) erzählen: von der Karl-Marx-Allee über den Checkpoint Charlie bis zum alten Kino L'Aiglon.

wurde, befindet sich in einem historisch ehrwürdigen Bauwerk, nämlich dem ehemaligen Summit House. In diesem Gebäude der Britischen Streitkräfte waren unter anderem das NAAFI-Einkaufszentrum sowie verschiedene Verwaltungsbereiche und Freizeiteinrichtungen beherbergt, wie der NAAFI-Club, in dem sich heute das Theater befindet.

Die letzte Etappe der kleinen Zonen-Radtour führt in den französischen Sektor, der die Bezirke Wedding und Reinickendorf umfasste. Heute ist das Herzstück des Nordens neben dem Flughafen Tegel vor allem die riesige Julius-Leber-Kaserne, die damals unter dem Namen Quartier Napoléon als Hauptquartier der französischen Besatzungsmächte fungierte. Mit der Cité Joffre, einer Wohnanlage, die einst die Franzosen erbauten, und dem leerstehenden Kino L'Aiglon bekommt man einen guten Einblick in den damaligen (französischen) Alltag im Nordosten Berlins.

Tipp: Die perfekte Stärkung gibt es übrigens am Imbiss Zum Würfel II, der Köpenick-Ikone Frank Zander gehört und direkt auf dem Parkplatz des alten Kinos steht.

Zurück zum Strausberger Platz und damit in den ehemaligen sowjetischen Sektor Berlins geht es über den Volkspark Rehberge durch Berlins Mitte. Eine kleine Zeitreise durch ein großes Stück Geschichte.

FAZIT: VIER SEKTOREN AN EINEM ABEND – UND WIE DAS GEHT!

Hin & weg: Los geht's am U-Bahnhof Strausberger Platz. Wer mag, lässt die Runde auch hier enden.

Beste Zeit: Frühling und Sommer.

Dauer & Strecke: Die reine Fahrzeit beträgt bei ca. 35 km ca. 2 Std.

Ausrüstung: Ein bisschen Proviant und ein Fahrrad.

Übrigens: GPX-Download auf Seite 229.

AUSSTEIGEN BITTE

 … an den schönsten U-Bahnhöfen

Schöne U-Bahnhöfe haben nur Moskau, Paris und Taschkent? Von wegen! Beim feierabendlichen U-Bahnfahren kann man so manche Perle entdecken – und damit jede Menge Kunst, Architektur und Stadtgeschichte.

#AugenaufbeimUbahnfahren #imUntergrund #mehralsTransport

ohrdamm

Die Berliner U-Bahn führt nicht nur durch die Stadt, sondern auch durch etliche Kunstepochen.

Die einen steigen aus, die anderen steigen ein, aber die meisten fahren einfach durch. Die wenigsten jedoch schauen bei den Berliner U-Bahnhöfen genauer hin. Dabei sind viele von ihnen eine echte Augenweide. Die einfachste Feierabend-Eskapade führt also direkt in den Untergrund und zu den schönsten, buntesten und geschichtsträchtigsten U-Bahn-Stationen der deutschen Hauptstadt.

Besonders zentral gelegen ist die rote Linie U2. An ihr reihen sich markante Bahnhöfe wie an einer Perlenkette aneinander. Am besten beginnt man seine Tour am U-Bahnhof Klosterstraße. Er überrascht mit seiner auffälligen

Deckenbeleuchtung, die den Bahnsteig in ein schummriges orangefarbenes Licht wirft. Wer genauer hinschaut, entdeckt im Eingangsbereich eine Wand, die von babylonischen Palmen geziert wird. Sie sind dem Palast des neubabylonischen König Nebukadnezar II. nachempfunden und finden sich auch am Ischtartor, dessen Rekonstruktion im Pergamonmuseum ausgestellt wird.

Der Grund: Die beim Aufbau des Tores übrig gebliebenen Fliesen wurden kurzerhand in der U-Bahn-Station verbaut. Der U-Bahnhof Klosterstraße ist gleichzeitig so was wie ein kostenloses U-Bahn-Museum. Denn die Wände zeigen

Babylon trifft Paris: Einige U-Bahnhöfe Berlins bieten nicht nur eine Zeit-, sondern auch eine kleine Weltreise.

die verschiedenen Entwicklungen des Berliner Transportmittels. Das klare Highlight ist ein historischer Triebwagen der Schöneberger Untergrundbahn aus dem Jahr 1910. Nostalgie pur!

Weiter geht's nur eine Station zum U-Bahnhof Märkisches Museum. Er wurde 1913 unter dem Namen Inselbrücke eröffnet. Aufgrund seines markanten Korbbogengewölbes wird der Bahnhof noch heute oft mit den Stationen der Pariser Metro verglichen. Die markanten grünen Fliesen des Architekten Alfred Grenander fielen leider einem Umbau zum Opfer, wurden aber originalgetreu nachgebrannt und ersetzt. So erstrahlt der Bahnhof Märkisches Museum wieder in altem Glanz.

Nur vier Stationen weiter wartet ein anderes Prachtexemplar: die Station Mohrenstraße.

Sie erinnert sofort an die mächtigen Haltestellen der Moskauer Metro. Das liegt vor allem an den Wänden aus Thüringer Marmor, aber auch an der simplen Struktur des Bodens. Dass der Marmor aus der im Zweiten Weltkrieg zerstörten Neuen Reichskanzlei stammt, ist eine Fehlinformation des Spiegel, die längst widerlegt ist. Dem Charme der Station tut das aber keinen Abbruch.

Wer abseits der U2 unterwegs ist, kann seinen Nachhauseweg mit zwei anderen Stilikonen unter den Berliner U-Bahnhöfen verbinden: den Haltestellen Rohrdamm und Paulsternstraße, an der U7 gelegen. Beide Gestaltungen stammen aus der Feder von Rainer Gerhard Rümmler, der sich im Fall der Station Rohrdamm von den nahegelegenen Siemens-Werken inspirieren ließ. Die Mosaikwände zieren Abbildungen

Der Architekt Rainer Rümmler verwandelte Säulen in Bäume und ließ Schilf und Gras wachsen.

von Zahnrädern, Stangen und Gittern. Passend zum Industrie-Look kommen die Säulen in einem silbergrauen Metallmantel daher.

Noch spektakulärer wird es einen Halt weiter. Die U-Bahn-Station Paulsternstraße ist bunt, wild und ein echter Geschichtenerzähler. Die fotogenen Wände und Säulen berichten von einer Kutschfahrt von Berlin nach Spandau. Vor 200 Jahren führte diese vorbei an Wiesen, Blumen, Alleen und den Sternen über den Köpfen der Passagiere. Genau dieses Naturerlebnis bietet das Design der Haltestelle Berliner Großstädtern noch heute.

Übrigens, ganze sieben U-Bahnhöfe der U7 stehen seit 2017 unter Denkmalschutz. So günstig wie ein Bahnticket war ein Museumsbesuch selten.

FAZIT: BEIM U-BAHNFAHREN TRIFFT STADTGESCHICHTE AUF ARCHITEKTUR-HIGHLIGHTS.

Hin & weg: Besonders die U2 und die U7 bieten spektakuläre Haltestellen.

Beste Zeit: Wenn die Pendler schon wieder zu Hause sind und man die U-Bahnhöfe fast für sich allein hat. Farben tanken, wenn es draußen grau wird.

Dauer: Je nach Belieben zwischen 30 Min. und einigen Stunden.

Ausrüstung: Ein gültiges Ticket, wenn man per Bahn von Station zu Station gelangen will.

SPORT-HISTORIE ERLEBEN

≥ ... bei einer Olympiastadion-Tour ≤

#43

Im Olympiastadion Berlin wurde Geschichte geschrieben – nicht nur sportlicher Natur. Auf einem Rundgang entdeckt man Relikte aus den dunklen Tagen deutscher Vergangenheit, aber auch zahlreiche Erinnerungen an sportliche Glanzleistungen.

#OlympischeSpiele #JesseOwens #mehralsFußball #oléoléolé

Die Tour beginnt – wie soll es anders sein – direkt am Haupteingang zum Areal des Olympiastadions. Achtung, beim Betreten der ehrwürdigen Sportstätte kann man schon mal Gänsehaut bekommen. Hier gingen sportliche Ereignisse in die Annalen ein, ob bei der FIFA WM 2006, der 12. IAAF Leichtathletik WM Berlin 2009, der 6. FIFA Frauen WM 2011, dem UEFA Champions League-Finale 2015 oder den Olympischen Sommerspielen 1936. Letztere gingen als »Hitlers Spiele« in die Geschichtsbücher ein – und erschufen viele Legenden.

Genau diese werden auf einer 60- bis 75-minütigen Stadiontour aufgedeckt. Man betritt Bereiche, die der Öffentlichkeit sonst nicht zugänglich sind. Es handelt sich nicht einfach um eine Tour durch die Spielerkabinen eines modernen Fußball- und Leichtathletikstadions. Nein, es ist eine Tour durch fast 100 Jah-

re Sportgeschichte. Damit man davon jedes noch so kleine Detail erkennt, führt ein Guide durch die verzweigten Katakomben.

Erster Stopp des Rundgangs sind die VIP-Bereiche, deren Böden zum Teil noch heute derselbe Marmor ziert wie zu den Zeiten der Nazidiktatur. Das Olympiastadion wurde vom Architekten Werner March entworfen und zwischen 1934 und 1936 für die umstrittenen Olympischen Sommerspiele 1936 während des NS-Regimes erbaut. In der Architektur des Stadions verstecken sich nicht nur klare geometrische Linien, sondern echte Geheimnisse. So bildete besagter Marmorboden früher große Hakenkreuze. Um diese unsichtbar zu machen, wurden die Platten schlichtweg vertauscht, das verbotene Muster spielerisch zunichtegemacht. Weiter geht es in die Umkleidekabinen des Fußballvereins Hertha BSC

Die Ruhe vor dem Sturm: Jährlich strömen knapp eine Million Menschen in das Berliner Olympiastadion.

und durch den Spielertunnel bis auf den heiligen Rasen. Am Rand der blauen Laufbahn erlebt man die beeindruckende Perspektive des modernen Multifunktionsstadions und kann erahnen, wie es sein muss, unter tosendem Applaus aufs Spielfeld zu laufen.

Ein weiteres heimliches Highlight findet man im VIP-Bereich vor. Eines, das wohl kaum ein Eventbesucher auf dem Zettel hat und leicht zu übersehen ist: der ehemalige Führerbalkon. Er wurde etwas erhaben auf die Haupttribüne gebaut, um Hitler die Möglichkeit zu geben, die Spiele im Jahr 1936 wie ein römischer Kaiser über allen thronend zu eröffnen. Genau diese Analogie ans Römische Reich spiegelt sich auch in den Säulengängen rund um das Stadion wider. Der Ruß der dort knapp unter der Decke verbauten Öllampen, die an römische Festspiele erinnern sollten, ist noch heute zu erkennen.

Keine Sorge, liebe Leichtathletik- und Fußballfans, natürlich kommen beim Besuch des Stadions neben architektonischen und geschichtlichen Highlights auch sportliche nicht zu kurz. Vor allem die Rekorde, die der US-Amerikaner Jesse Owens aufstellte, sind mehr als bemerkenswert. Bei den Olympischen Spielen siegte er in gleich vier Disziplinen: im 100- und 200-Meterlauf, im Weitsprung und mit der 4-mal-100 Meter-Staffel. Ein Sportsuperstar, dessen sportliche Leistung aber aufgrund seiner Hautfarbe nicht jeder anerkannte, angefangen bei Hitler und Goebbels. Die Aura seiner enormen Erfolge schwebt dennoch bis heute über der Tartanbahn.

FAZIT: KAUM EIN STADION HAT MEHR ZU ERZÄHLEN ALS DAS BERLINER OLYMPIA-STADION.

Hin & weg: Mit der S5 oder mit der U2 bis Olympiastadion.

Beste Zeit: Von November bis März findet die letzte Tour um 16 Uhr statt, von April bis Oktober um 19 Uhr, im August um 20 Uhr; keine Touren an Spiel- und Veranstaltungstagen.

Dauer: 60–75 Min.

Ausrüstung: Smartphone oder Kamera, um das Unglaubliche fotografisch festzuhalten.

AB NACH BÖHMEN

 ... in Rixdorf in Neukölln

 **#44**

Während an der Karl-Marx-Straße das größte Chaos herrscht, zwischen Spätis und türkischen Bäckereien wieder mal laut gehupt wird, ist es eine Straße weiter absolut ruhig. Plötzlich steht man mitten im alt-böhmischen Dorf Rixdorf.

#KurztripnachBöhmen #PilsPilz #Kopfsteinpflaster #urigurigerRixdorf

Beinahe wie auf dem Land – aber mitten in Neukölln: Berlin überrascht umme Ecke.

Wenn man ganz genau hinhört, kann man vielleicht sogar noch die Hufeisen der Pferde hören, die rund um den Richardplatz über das Kopfsteinpflaster traben. Na gut, heute ist das hier vielleicht nicht mehr so, aber einen Funken Historie kann man in Rixdorf fast an jeder Ecke spüren.

Vor knapp 300 Jahren hieß das heutige Berlin-Neukölln noch Rixdorf. Damals, nämlich im Jahr 1737, ließen sich rund um den Richard-platz böhmische Flüchtlinge nieder und grün-deten eine Gemeinde. Zwar heißt Neukölln heute nur Neukölln, jedoch gibt es bis heute

ein Rixdorf – nämlich noch genau dort, wo da-mals die ersten Menschen aus Böhmen ihre Häuser bauten.

Ein Stückchen Geschichte des Stadtteils schnuppert man am besten auf einem Spa-ziergang durch Rixdorf. Dafür startet man am hübschen Richardplatz, der je nach Jahreszeit das Zuhause verschiedenster Märkte und Feste ist – mal ein Weihnachtsmarkt, mal ein Dorffest. Doch auch außerhalb der Feste ist er das Herz von Rixdorf. Kleiner kulinarischer Tipp: Als Stärkung vor dem Rundgang macht man am besten erst einmal einen Stopp am

Stadt, Land, Rixdorf: Der Stadtteil hat bis heute ländlichen Charme.

historischen Kiosk Der Pilz, an dem die Currywurst, damals wie heute, einfach lecker ist.

Wer schon einmal am Richardplatz ist, sollte unbedingt einen Abstecher zur historischen Schmiede machen, an der Hausnummer 28. Die Schmiede steht seit 1949 unter Denkmalschutz und gehört bis heute zu den ältesten Gebäuden des Viertels. An der Rückseite befindet sich ein großes Wandbild, auf dem zwei Männer beim Strohballenrollen zu sehen sind – Popráci, wie es die Böhmen früher nannten. Wer denkt, das wäre eine Tradition von damals, liegt falsch. Bis heute werden im September 200 Kilogramm schwere Strohballen um den Platz gerollt.

Am Gemälde vorbei steht man dann relativ schnell vor der Bethlehemskirche aus dem

Jahr 1435. Damals war sie die offizielle Dorfkirche, nachdem sie im Dreißigjährigen Krieg (1639) komplett abbrannte und danach wiederaufgebaut wurde.

Von der Kirche aus geht es in den 1,2 Hektar großen Comenius-Garten, der seinen Namen dem letzten Bischof der böhmischen Brüdergemeinde Johann Amos Comenius verdankt. Als Besucher kann man hier den Lebensweg des Menschen nachspazieren. Denn er ist gespickt mit interessanten Skulpturen, einem Teich, hübschen Beeten, einem Wasserbecken, einer Wiese und einem Bach, der den Lebensquell darstellen soll.

Wer noch ein wenig Zeit hat, sollte durch die Richardstraße und die Kirchgasse schlendern. Hier findet man bis zu 400 Jahre alte Häuser, in

denen manchmal sogar noch die Nachfahren der damaligen böhmischen Flüchtlinge leben.

Tipp: Das Schönste an Rixdorf ist, dass es bis heute noch alteingesessene Institutionen gibt. So kann man sich zum Beispiel in der Blutwurstmanufaktur mit echten Berliner Leckereien eindecken oder in der Køniglichen Backstube das beste Brot im ganzen Kiez ergattern.

Hin & Weg: Mit der U-Bahn zum Bahnhof Karl-Marx-Straße und dann zu Fuß zum Richardplatz.

Beste Zeit: Ganzjährig.

Dauer & Strecke: Ein kleiner Spaziergang von ca. 1–2 Std.

Ausrüstung: Lust, ein bisschen Historie zu schnuppern.

Übrigens: GPX-Download auf Seite 229.

FAZIT: BERLIN KANN SO VIEL GESCHICHTE SEIN. MAN MUSS SIE NUR FINDEN.

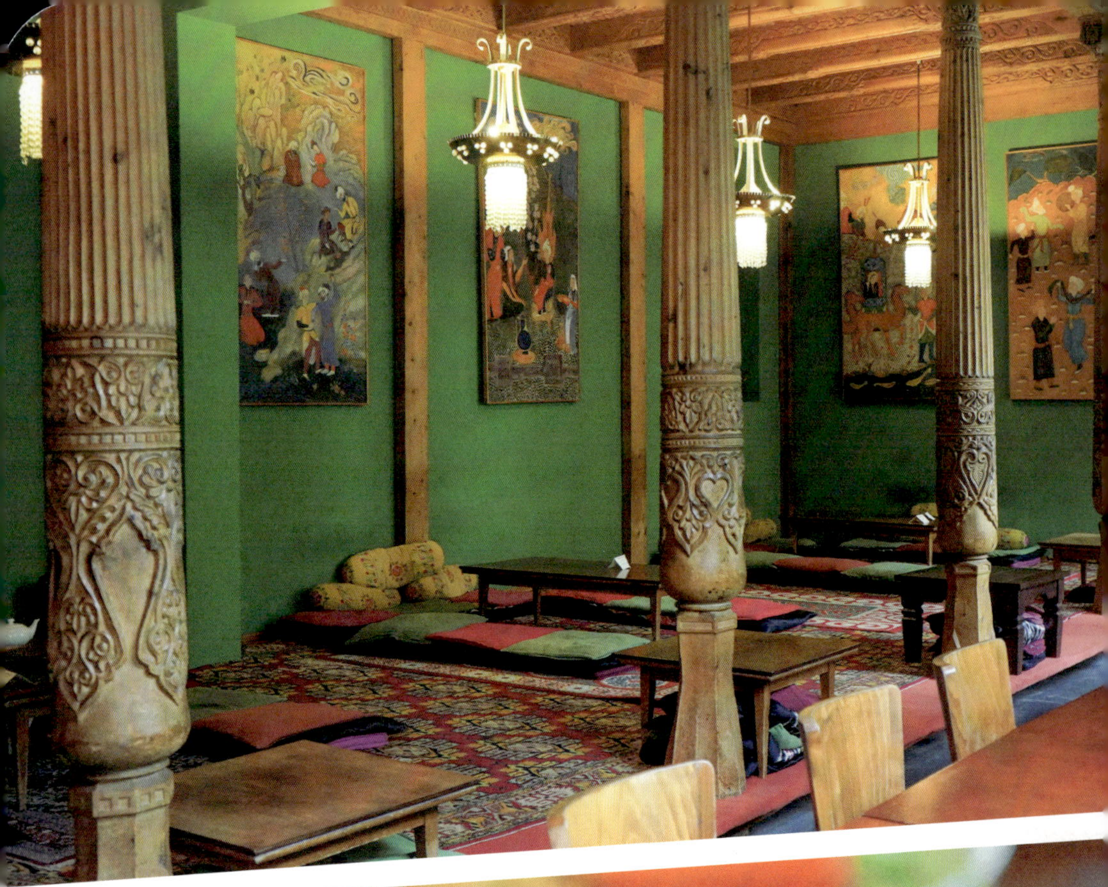

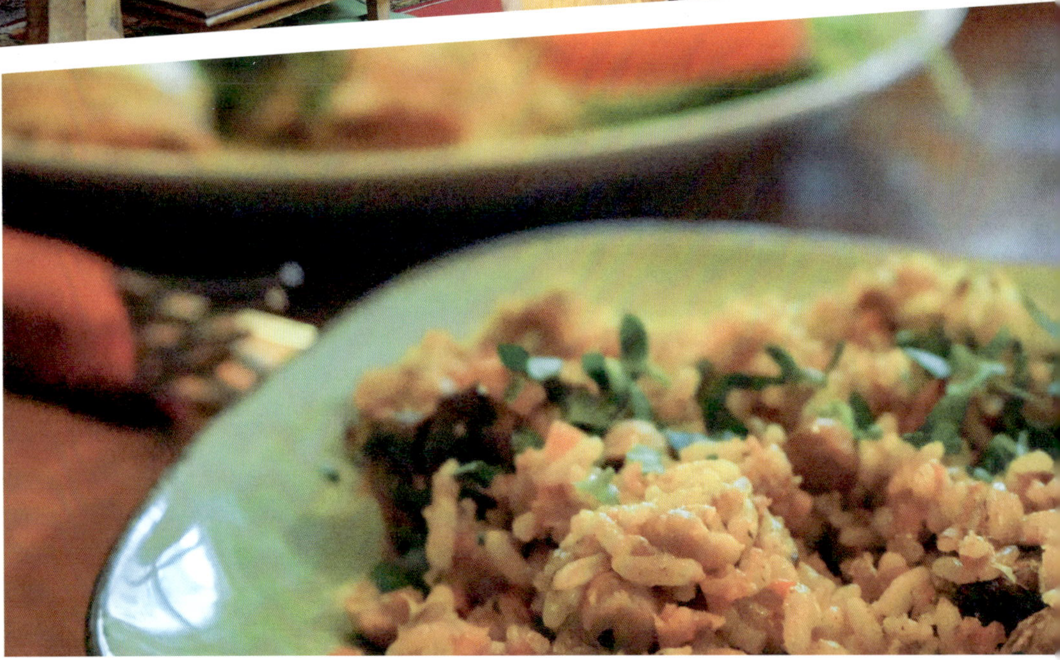

MÄRCHENSTUNDE

 ... in der Teestube in Mitte

#45

Einem Märchen lauschen, Tee trinken und dabei gemütlich auf dem Boden sitzen? Klar, das kann man zu Hause machen. Man kann dafür aber auch nach Mitte fahren und für einen Abend in den Fernen Osten reisen.

Die schönsten Orte findet man in Berlin meist versteckt in Hinterhöfen (Eskapade #23), die von außen ganz unscheinbar und leer wirken. So auch die Tadshikische Teestube, die im KunstHof in Mitte liegt. Was von außen nach einem normalen Café aussieht, ist von innen ein Stück Zentralasien und das sogar mit einer Geschichte. Teestuben gelten in Tadschikistan als zentrale Kommunikationsstätten. Hier trifft sich die vorwiegend nomadisch lebende Bevölkerung und beredet bei einer guten Tasse Tee all das, was gerade wichtig ist. Manchmal raucht man dazu noch eine Wasserpfeife und erhält gute Ratschläge der Alten.

In Berlin gibt es die zwar nicht, doch das Gefühl bleibt dennoch das Gleiche. Die Schuhe werden am Eingang ausgezogen, wer will, zieht sich ein paar der bereit liegenden Schlappen über. Dann nimmt man auf einem der vielen Kissen auf dem Boden Platz, bestaunt die geschnitzten Säulen im Innenraum und kann sich aus einer der vielen Teesorten seinen Liebling aussuchen. Achtung: Viele der Tees kommen mit einem alkoholischen Begleiter. Wer das also nicht mag, sollte genauer hinschauen.

Aber was macht eine Teestube aus Tadschikistan eigentlich im Herzen der Hauptstadt? Die Geschichte der Teestube begann 1974 in Leipzig. Damals war sie das Mobiliar einer Attraktion im sowjetischen Pavillon auf der Leipziger Messe. Sie wurde jedoch nach der Messe nicht einfach wieder abgebaut, sondern der Gesellschaft für deutsch-sowjetische Freundschaft geschenkt. So wanderte die Tadshikische Teestube von Leipzig nach Berlin und landete zunächst im Palais im Kastanienwäldchen zwischen Maxim-Gorki-Theater und Neuer Wache. Dort blieb sie bis 2012 und zog

Kaum betritt man die Tadshikische Teestube, fühlt man sich plötzlich, als wäre man weit weg von Berlin.

dann samt Sandelholzsäulen und Märchenbildern in den Kunst-Hof in der Oranienburger Straße in Mitte.

Heute kann man in der Teestube nicht nur original zentralasiatischen Tee aus großen Samowaren trinken und dazu das Reisgericht Plov essen, sondern vor allem auch Märchen aus der ganzen Welt lauschen. An festgelegten Tagen kommt seit 1992 eine Märchenfrau in die Teestube und verzaubert mit ihren Geschichten jeden einzelnen Zuhörer. Mal ehrlich, wann hat man eigentlich das letzte Mal selbst einem Märchen gelauscht? Wenn man dazu auch noch einen Schluck warmen Tee schlürft und es sich auf den dicken Kissen gemütlich macht, dann kann man beinahe vergessen, dass man eigentlich gerade in Berlin ist. Ein perfekter Moment, um zum Feierabend mal so richtig abzuschalten.

FAZIT: HERRLICH ROMANTISCH UND SO SCHÖN ORIENTALISCH, DASS MAN SICH DIREKT WEGTRÄUMEN KANN.

Hin & weg: Mit der S-Bahn bis zur Oranienburger Straße und dann ein paar Meter laufen.

Beste Zeit: Je unangenehmer draußen, desto gemütlicher drinnen. Immer dann, wenn die Märchenfrau kommt. Aktuelle Hinweise zu den Veranstaltungen findet man auf der Website www.tadshikische-teestube.de

Dauer: Ein Abend, der sich wie eine lange Reise anfühlt.

Ausrüstung: Fernweh und Teedurst.

ABENTEUER IN SICHT

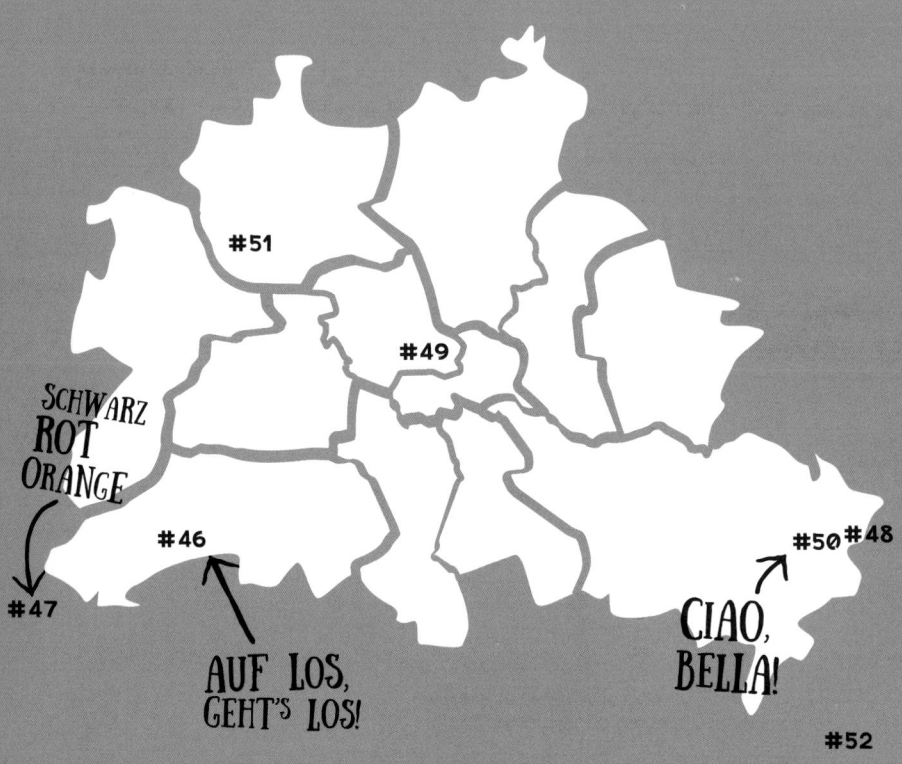

SCHWARZ ROT ORANGE

#51

#49

#46

#47

#50 #48

CIAO, BELLA!

AUF LOS, GEHT'S LOS!

#52

Mikroabenteuer für alle Tage

Vor den Toren der Stadt und damit weit weg vom Alltag. Mal mit Badehose, mal mit dem rüstigen Drahtesel – kleine Abenteuer für das große Abschalten liegen häufig näher, als man denkt.

PACK DIE BADE-HOSE EIN

>– ... entspannen in Steglitz-Zehlendorf –<

#46

Raus aus dem Urbanen und rein in die Natur: Wer den ganzen Tag im dichten Großstadtdschungel verbringt, kann abends mal die Seele baumeln lassen. Am besten mit Freunden am Schlachtensee in Steglitz-Zehlendorf.

Rund 12 000 Seen gibt es in Deutschland, und dann soll der schönste zum Baden ausgerechnet in der Hauptstadt liegen? Ja, richtig gelesen. Der Schlachtensee wurde nämlich aufgrund seines herrlich kühlen grünen Wassers, der idyllischen Lage im Wald samt drolliger Eichhörnchen bei gleichzeitig guter Erreichbarkeit sowie der hübschen Sandpfade vom US-Nachrichtensender CNN 2020 zu einer der besten 20 Bademöglichkeiten der Welt gekürt. Das ist doch wohl Anlass genug, mal vorbeizuschauen, oder?

Am besten startet man einen ausgiebigen Ausflug zum See direkt nach der Arbeit, wenn möglich mit der S-Bahn. Denn die bringt naturverbundene Großstädter umweltfreundlich direkt bis ans Ufer. Der Schlachtensee liegt verkehrsgünstig an der gleichnamigen S-Bahn-Station, die sich mitten im Wald befindet.

Der schlauchförmige See gehört zur Grunewaldseenkette und begeistert mit 421 000 Quadratmeterm Fläche, einer maximalen Tiefe von etwa 8,5 Metern und einem sieben Kilometer langen Uferweg, der vollständig um ihn herum führt. Ob auf der Liegewiese, am Sandstrand oder auf dem Wasser: Am Schlachtensee wird es auf jeden Fall nicht langweilig.

Das sehen auch viele andere Besucher so, die in den warmen Monaten des Jahres die Liegewiesen in Beschlag nehmen. Vor allem direkt am oberen Bereich rund um den S-Bahnhof findet man viele Blumenbeete und Wiese satt. Kein Plätzchen mehr frei? Dann finden sich weitere Liegewiesen am Nordostufer des Sees, wo der Schlachtensee über einen teilweise unterirdischen Kanal mit der Krummen Lanke verbunden ist. Bei Hobby-Dösern besonders beliebt ist der Paul-Ernst-Park am Südufer.

Im Winter eine ruhige Oase, im Sommer steppt hier der Bär, und das mitten in Steglitz-Zehlendorf.

Wichtigster Tipp: Für ein ausgedehntes Picknick sollte man eine Decke ebenso wenig vergessen wie kleine Häppchen und das Lieblings-Feierabendgetränk.

Übrigens, wer sich das Abendessen in der Natur lieber selbst verdienen will, kann hier auch angeln – vorausgesetzt, man hat einen Angelschein. So findet man im Schlachtensee und in der benachbarten Krummen Lanke ganze 18 Fischarten vor. Mit etwas Glück sollte das für ein ausgiebiges Mahl reichen.

Die beste Alternative zum Selberfangen ist die Fischerhütte. Das denkmalgeschützte, historische Haus am See bietet nicht nur die gemütlichste Aussicht aufs Wasser, sondern lockt mit einem Biergarten und gutbürgerlicher Küche.

Für alle mit Hummeln im Po ist eine kleine Bootsfahrt auf dem Schlachtensee zu empfehlen. Die gibt es nicht etwa geführt und gemächlich auf Deck sitzend, nein, man muss da schon selbst aktiv werden. Der Bootsverleih befindet sich an der Ostseite des Sees und ist sowas wie eine kleine Ikone. Seit 1898 schickt man hier Ausflügler aufs Wasser – noch heute mit Ruderbooten aus der ehemaligen DDR. Seeromantik pur! Paddelschlag für Paddelschlag wünscht man sich dann, dass der Tag nie endet.

FAZIT: DER SCHLACHTENSEE IST EIN PARADIES FÜR WASSERRATEN, ANGLER UND FEIERABEND-BIERTRINKER.

Hin & weg: Mit der S1 zum S-Bahnhof Berlin-Schlachtensee.

Beste Zeit: Zur blauen Stunde im Sommer ist die Seeidylle perfekt.

Dauer: Zwischen 1 Std. und »eine Stunde geht noch« ist alles möglich.

Ausrüstung: Eine Decke, Snacks, Getränke und Badesachen.

BEI ANTJE

 ... im Holländischen Viertel in Potsdam

 **#47** *Ein feierabendlicher Ausflug ins Nachbar-*
land gefällig? Dafür muss man gar nicht
weit fahren, sondern nur einen Abstecher
nach Potsdam machen. Dort wartet mit
dem Holländischen Viertel ein Stück
Niederlande mitten in Brandenburg.

#Holland #Oranje #Ziegelsteinhäuser #Backsteingiebel #TulpenausPotsdam

Wie weit die Niederlande von Berlin entfernt sind? Eine S-Bahnfahrt und ein Fußweg von knapp zwei Kilometern (oder eine Station mit der Tram 92/96). Und schon steht man mitten in Klein-Amsterdam.

Das Holländische Viertel befindet sich im historischen Zentrum Potsdams südlich der Kurfürstenstraße. Es ist das größte geschlossene holländische Bau-Ensemble außerhalb der Niederlande. Hier warten exakt 134 rote zweistöckige Ziegelhäuser, angeordnet in vier Karrees, auf Vorbeiflanierende – und bilden die perfekte Kulisse für einen Feierabendbummel auf Holländisch.

Am besten startet man den Spaziergang mit einer kleinen Erfrischung. Die gibt's direkt auf die Hand und zwar an der Ecke zur Benkertstraße. Dort wartet eine der besten Eisdielen der Stadt. Fridas Eis serviert ihr hausgemachtes Speiseeis wahlweise im Becher oder in

Einmal Frits mit Frikandel, alsjeblieft!

der Waffel. Mit einem kleinen Zuckerschock geht's weiter die kleinen Gassen von Klein-Amsterdam entlang. Die Gehwege führen vorbei an liebevoll dekorierten Kunstgewerbe-Geschäften, quirligen Werkstätten, beeindruckend ausgestatteten Antiquariaten und fein säuberlich kuratierten Galerien.

Bei so viel Schaufensterbummel vergisst man schnell, dass man sich gar nicht in den Niederlanden befindet, sondern in der Hauptstadt von Brandenburg.

Genug spaziert? Dann wartet in einem alten Backsteinhaus in der Benkertstraße 5 ein Restaurant mit holzgetäfeltem Kaminzimmer und einem standesgemäßen Namen: Zum Fliegen-den Holländer (www.zumfliegendenhollaender.de). Nach einer kleinen Stärkung geht es weiter. Und zwar der Frage nach, wie dieses ungewöhnliche Viertel eigentlich entstand.

Genau diese Geschichte erzählt das Jan-Bouman-Haus in Form von aufwendig gestalteten Schautafeln und liebevoll gemachten Videos (www.jan-bouman-haus.de). Hier erfährt man, dass das Areal zwischen 1733 und 1742 im Zuge der zweiten Stadterweiterung auf einem ehemaligen Sumpfgebiet erbaut wurde – und zwar unter der Leitung des niederländischen Baumeisters Jan Bouman aus Amsterdam.

Noch viel wichtiger aber war sein Auftraggeber: kein Geringerer als Friedrich Wilhelm I.

Dessen Vorliebe für die niederländische Kultur ist es zu verdanken, dass das niedliche Viertel bis heute, nicht nur, was den Baustil angeht, aus dem Rahmen fällt. Durch seine eng verzahnte Geschichte ist das Quartier mit den markanten Backsteingiebeln auch heute noch ein Ausdruck für die engen Beziehungen zwischen den Niederlanden und Brandenburg.

Diese finden übrigens einmal im Jahr ihren glorreichen Höhepunkt in einem großen Fest: dem Tulpenfest im April. Dann verwandelt sich das kleine Karree in ein einziges buntes Blumenmeer. Schafft man es an diesem Tag zum Feierabend hierher, kommt man mit einem ganz besonderen Mitbringsel wieder zurück: frischen Tulpen aus Potsdam.

FAZIT: EIN KLEINES HOLLÄNDISCHES DORF MITTEN IN BRANDENBURG.

Hin & weg: Mit dem RE1 zum Potsdamer Hauptbahnhof und weiter zu Fuß oder mit der Tram 92/96 zur Haltestelle Nauener Tor.

Beste Zeit: Im April ist Tulpenzeit.

Dauer: 2–4 Std. je nach Lust und Laune.

Ausrüstung: Kleingeld für ein paar Tulpen.

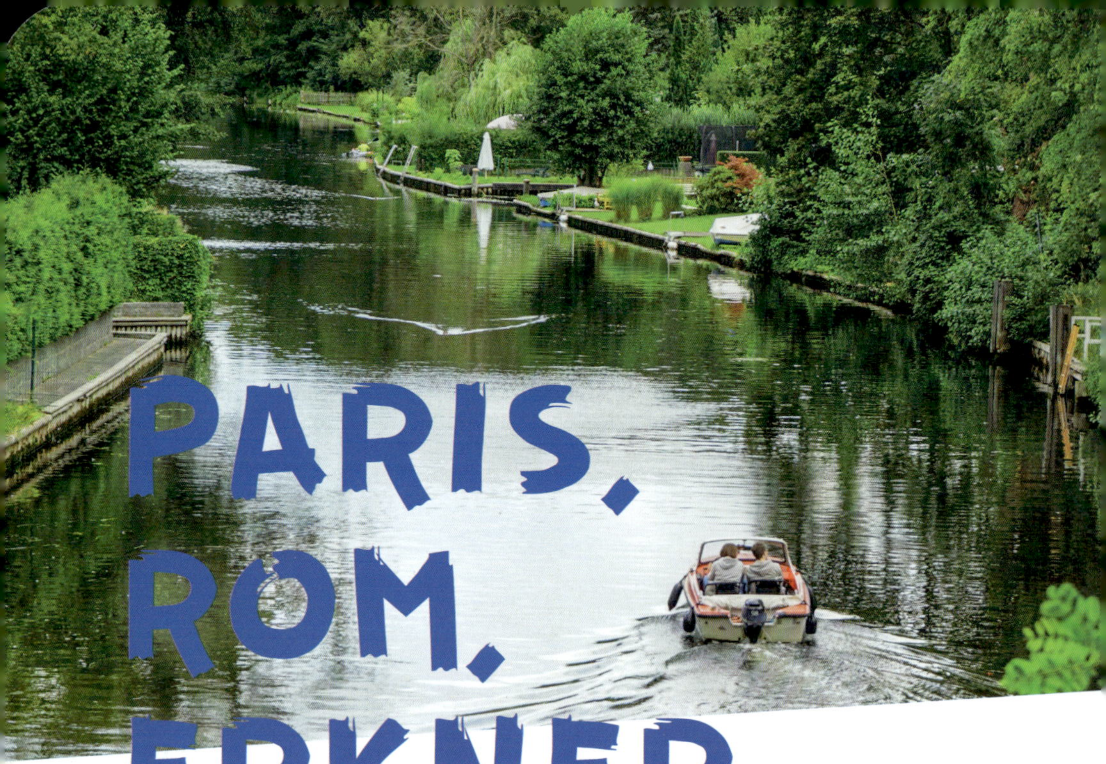

PARIS, ROM, ERKNER

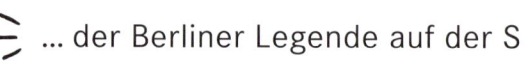

… der Berliner Legende auf der Spur

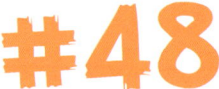

#48

Wenn man einen Weg nimmt, der länger als nötig ist, dann kann man ihn auch als Achse Paris – Rom – Erkner bezeichnen. Berliner kennen den Spruch nur allzu gut. Aber was verbirgt sich dahinter? Ein Besuch in der Kleinstadt hinter der Legende.

#Endstation #GerhartHauptmann #OderSpree

Ein Ausflug nach Erkner überrascht durch historische Sehenswürdigkeiten und traumhafte Natur.

Wieso nicht einfach mal einen Umweg nach Hause nehmen? Und zwar den berühmtesten Umweg der Hauptstadt: über Erkner. Den beginnt man am besten stilecht mit der Berliner S-Bahn-Linie S3. Die fährt bekanntlich bis zur Endstation Bahnhof Erkner. Von hier beginnt man seinen Rundgang durch das Kleinstadtidyll im Landkreis Oder-Spree zu Fuß – oder noch besser: mit dem Fahrrad. Denn das kann man in der S-Bahn einfach mitnehmen.

Vom Bahnhof kommend, beginnt man die Erkundungstour am besten historisch: mit der Stahlfachwerkbrücke Flakensteg. Diese Ikone Erkners steht zwar seit 2006 an Land, wirkt aber immer noch so unerschütterlich wie eh und je. 1917 als »Weddigensteg« eingeweiht, stellte das »Meisterwerk der Ingenieurbaukunst« die schnellste Verbindung zwischen Teerwerk und Bakelitfabrik her und überstand sogar eine Sprengung im Zweiten Weltkrieg. Am besten zugänglich ist sie über die Nordseite des Gewässers Flakenfließ, wo eine Infotafel über die bewegende Geschichte informiert. Die nächste Sehenswürdigkeit des kleinen Erkner ist schon von Weitem zu sehen:

die evangelische Genezareth-Kirche von 1896. Der spitze Kirchturm ragt weit über die Dächer der Stadt. Am majestätischsten wirkt sie aber von der Friedrichstraße aus. Nicht weniger markant ist das Gebäude auf der anderen

Seite der Kreuzung: das Gerhart-Hauptmann-Museum. In der ansehnlichen Villa Lassen lebte von 1885 bis 1889 kein Geringerer als der spätere Literaturnobelpreisträger. Wer früh Feierabend macht, kann das Gebäude nicht nur von außen bestaunen, sondern im Inneren eine Dauerausstellung über Leben, Werk und Wirken des bekannten deutschen Schriftstellers und Dramatikers besichtigen.

Lust, noch tiefer in die Geschichte der Region einzutauchen? Kein Problem. Von hier aus schlendert man die Neu Zittauer Straße in Richtung Süden und biegt nach rund einem Kilometer in die Pfälzer Straße ab. Nicht wundern, wenn man sich hier in einem anderen Jahrhundert wähnt.

Das schiefe Kopfsteinpflaster lässt erahnen, wie alt diese Ecke Erkners wirklich ist. Hier

Erkner wurde erstmals unter dem Namen Arckenow als Wohnstätte eines Fischers urkundlich erwähnt.

steht das Heimatmuseum. Schon der Hof samt Kräuter- und Obstgarten wirkt wie nicht aus dieser Zeit. Um 1760 als Wohnhaus errichtet, gilt das Gebäude heute als ältestes mitteldeutsches Ernhaus aus der Zeit der friderizianischen Binnenkolonisierung. Kein Wunder also, dass die ganze Anlage unter Denkmalschutz steht. Das Museum in den alten Räumlichkeiten ist mittwochs für Besucher geöffnet. Es zeigt Exponate und Dokumente aus der Stadtgeschichte von der Bronzezeit bis zur Gegenwart.

Jetzt aber Schluss mit der Geschichtsstunde. Erkner kann auch anders. Nämlich saftig grün und extrem wasserreich. Lust auf eine kleine Bootstour zum Sonnenuntergang? Wer dem Weg zurück zum Gerhard-Hauptmann-Museum folgt und nach rechts in die Fürstenwalderstraße abbiegt, gelangt zur Anlegestelle Löcknitzidyll an der Löcknitz. Von hier aus starten Bootstouren in Richtung Köpenick.

Alternativ kann man die Wasseridylle aber auch zu Fuß genießen – nämlich auf einem kleinen Spaziergang von der Löcknitz bis zum Flakensee, der durch dichtestes Grün führt und direkt am Fluss verläuft.

Und wenn man dann am Ufer entlangspaziert und aufs Wasser blickt, wird einem sicher sofort klar, dass ein Umweg manchmal der schönste Weg ist, um versteckte Ecken Berlins kennenzulernen.

FAZIT: AM ENDE DER S3 WARTET MIT ERKNER MEHR ALS EINE REDEWENDUNG.

Hin & weg: Mit der S3 bis Bahnhof Erkner.

Beste Zeit: Nicht zu spät, damit die Museen noch geöffnet sind. Den Bootsausflug zum Sonnenuntergang genießt man am besten im Sommer.

Dauer: 1–2 Std. (ohne Bootsausflug).

Ausrüstung: Am besten das Fahrrad in der S-Bahn mitnehmen.

Übrigens: GPX-Download auf Seite 229.

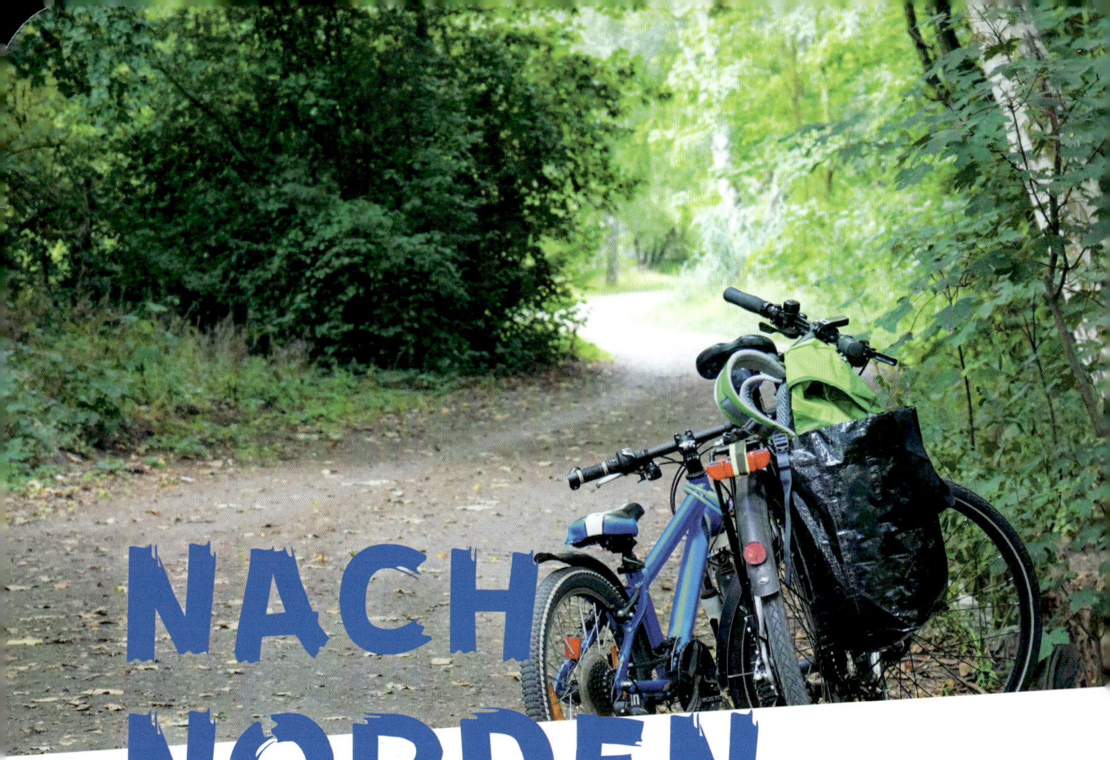

NACH NORDEN

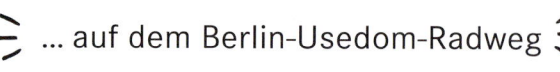

... auf dem Berlin-Usedom-Radweg

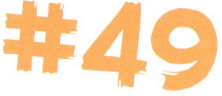

#49

Die Berliner lieben die Ostseeinsel Usedom. Nicht umsonst wird die Ostsee auch von einigen als Badewanne der Berliner bezeichnet. Zeit, dem beliebten Ausflugsziel mal etwas näherzukommen.

 #moinmoin #MeckPommichkomm #abstrampeln #mitmRadlda

Mal komplett grün, mal herrlich urban: Der Berlin-Usedom-Radweg führt an Fischteichen entlang und über den Schwedter Steig.

Eigentlich klingt es ganz einfach: Man setzt sich in Berlin-Mitte auf das Fahrrad, radelt 337 Kilometer und schon kann man die Zehen in den weichen Ostseesand stecken. Doch natürlich lässt sich die gesamte Strecke des Radfernwegs Berlin-Usedom nicht an einem Feierabend schaffen. Auf einer kleinen Fahrradtour bekommt man aber trotzdem schon einmal einen Eindruck vom Streckenverlauf, von den Highlights unterwegs und von den vielen schönen Landschaften, die zwischen Berlin und Brandenburg immer wieder am Wegesrand auftauchen.

Start der Fahrradtour ist am Lustgarten in Berlin-Mitte. Wer hier noch ein bisschen Zeit hat, sollte unbedingt ein paar Fotos vom Berliner Dom, dem Pergamonmuseum und vor allem dem Berliner Schloss schießen, denn dies ist die neueste Errungenschaft unter Berlins Sehenswürdigkeiten. Aber Achtung, nicht zu viel Zeit verlieren, denn es müssen noch knapp 30 Kilometer geradelt werden. Das heutige Etappenziel ist Bernau – also los geht's!

Vom Lustgarten aus radelt man vorbei an der Alten Nationalgalerie, biegt rechts in die Bodestraße ein und überquert die Spree. Dann geht es geradeaus in die Rochstraße, zur Münzstraße, Max-Beer-Straße und weiter über die oft stark befahrene Torstraße. Keine Sorge, ab hier wird es langsam ruhiger und gemächlicher, denn bald ist man im Prenzlauer Berg, in dem man nicht nur eine Menge Cafés findet,

sondern vor allem hübsch verzierte Gebäude. Quer durch das Quartier gelangt man direkt in den Mauerpark, der nicht umsonst diesen Namen trägt. Er befindet sich genau dort, wo die 1961 errichtete Berliner Mauer die Grenze zwischen den Bezirken im Osten Berlins und Wedding im Westen Berlins bildete. Folgt man dem Radweg durch den Mauerpark, kommt man schnell am Friedrich-Ludwig-Jahn-Sportpark und der Max-Schmeling-Halle vorbei. Danach überquert man die Gleichstraße und landet auf dem Schwedter Steig, der einen wunderbaren Blick auf das Nordkreuz der Eisenbahn bietet.

Von nun an wird es historisch, denn der Radweg führt unter der Brücke der Behmstraße hindurch zur Norwegerstraße und damit auf den früheren Kolonnenweg, den die DDR-Grenztruppen als Kontrollweg entlang der

Ob Schlosspark Pankow, Berliner Dom, Schlosspark Buch oder Französisch Buchholz – dieser Radweg führt in die schönsten Ecken der Hauptstadt.

Mauer nutzten. Gleichzeitig führt die Route zur historisch bedeutenden Bösebrücke. Am 9. November 1989 war der kurz vor ihr liegende Grenzübergang in der Bornholmer Straße der allererste, der geöffnet wurde. Erstmals war DDR-Bürgern der Übergang in den Westen und über die Brücke wieder möglich. Genau das macht die Bösebrücke heute zu einer der berühmtesten Brücken in Berlin.

Vom Prenzlauer Berg geht es schnurstracks in Richtung Pankow. Dafür folgt man dem Radweg durch die Heynstraße, die Neue Schönholzer Straße bis zur Breite Straße und radelt von nun an entlang der Panke bis in den Schlosspark Pankow, in dem man auf keinen Fall das Barockschloss Schönhausen verpassen sollte.

Die gute Nachricht: Knapp die Hälfte der Strecke ist geschafft. Die andere gute Nachricht: Für die nächsten 15 Kilometer fährt man weiter gen Norden. Vom Schlosspark Pankow führt der Berlin-Usedom-Radweg durch den Bezirk Karow zum Schlosspark Buch. Achtung: Auf dem Weg in Richtung Buch passiert man auf der rechten Seite die Fischteiche in Französisch Buchholz. Dieses Naturschutzgebiet bietet nicht nur Lebensraum für Amphibien und Wasservögel, sondern lässt einen auch zur Ruhe kommen. Von nun an heißt es aber wirklich Endspurt! Die letzten zehn Kilometer führen vom Schlosspark Buch aus über die Stadtgrenze nach Brandenburg bis nach Bernau. Geschafft. Nach 30 Kilometern auf dem Rad ist man nun nicht nur der Insel Usedom näher gekommen, sondern kann auch sagen, dass man zwei Bundesländer erradelt hat. Chapeau!

FAZIT: EINE RADTOUR, BEI DER MAN DIE MEERESBRISE FÖRMLICH RIECHEN KANN.

Hin & weg: Los geht es am Lustgarten, den man zum Beispiel über den S-Bahnhof Hackescher Markt erreicht. Zurück am besten ab S-Bahnhof Buch.

Beste Zeit: Frühling und Sommer.

Dauer & Strecke: Reine Fahrzeit beträgt bei ca. 30 km 1 Std. 40 Min.

Ausrüstung: Ein gutes Fahrrad und bequeme Kleidung.

Übrigens: GPX-Download auf Seite 229.

O SOLE MIO!

 … bei einem Spaziergang in Rahnsdorf

#50 Kleine Kanäle, verträumte Häuschen, schmale Grünflächen und ein Ambiente, das man so nur aus Venedig oder Amsterdam kennt. Das ist Neu-Venedig, ein verstecktes Kleinod in Rahnsdorf im tiefsten Südosten Berlins.

So hat man Berlin noch nie gesehen: verschlungene Kanäle und saftig grüne Wiesen – nur keine Gondoliere.

Manch ein Berliner war noch nie im tiefsten Südosten der eigenen Stadt. Schade eigentlich, denn hier verstecken sich echte Überraschungen, die herrlich unberührt und ganz anders als der Rest der wuseligen Großstadt sind.

Eine davon ist Neu-Venedig. Warum der Name? Weil man hier über 13 Brücken und entlang von fünf Kanälen schlendern kann. Das sind zwar nicht ganz so viele wie die 200 Brücken im italienischen Namensgeber, aber dennoch lässt sich hier an einem sonnigen Nachmittag und Abend ein bisschen Adriaflair spüren.

Das Viertel liegt direkt zwischen dem Müggelsee und dem Dämeritzsee und gehört bis heute zu einem der unbekanntesten Orte der Hauptstadt. Angefangen hat alles im Jahr 1890, als das Rittergut Rahnsdorf und das Gut Hessenwinkel an die Stadt Köpenick verkauft

wurden. Zu beiden Gütern gehörte damals ein Sumpfgebiet mit immerfeuchten Wiesen. Diese Landschaft war natürlich für den Bau einer Wohnsiedlung nicht wirklich geeignet. Doch anstatt das gesamte Gebiet aufzuschütten, wurden ab 1926 Kanäle durchgezogen, die die Sumpfwiesen entwässerten und damit die Wohnfläche Neu-Venedig entstehen ließen. Rund fünf Kilometer künstlich angelegte Wasserwege schlängeln sich durch die Wohn- und Wochenendsiedlung, die bereits im Jahr 1928 sage und schreibe 374 Wassergrundstücke beherbergte. Diese wurden für 3,50 Mark pro Quadratmeter verkauft und befinden sich bis heute fast ausschließlich in Privatbesitz.

Übrigens: Während der Teilung Berlins kamen die meisten Besitzer aus dem Westteil der Stadt nicht mehr auf ihre Grundstücke. Zunächst wurden die Parzellen an ausgewählte

DDR-Bürger vermietet. Später wurde aus der gutbürgerlichen Wohnsiedlung ein Wochenendparadies für Minister, Parteifunktionäre und Betriebsdirektoren. Nach dem Ende der Teilung gingen die meisten Grundstücke an die rechtmäßigen Eigentümer zurück. Heute findet man hier auf 450 Grundstücken feste und Wochenendwohnungen zugleich. Am besten kann man Neu-Venedig mit dem Rad oder zu Fuß erkunden oder alternativ natürlich auch über die vielen Wasserwege entdecken. Trotz des Namens geht das jedoch leider nicht mit einer italienischen Gondel, sondern klassisch mit dem Kanu oder kleinen Booten. Vom Wasser aus hat man den besten Blick in die Gärten der Bewohner, die hier zumeist schon seit Jahren leben, auf ihre kleinen Datschen und Boote.

Tipp: Einkehren kann man wunderbar im Restaurant Neu Venedig im Finkenweg 348.

FAZIT: EIN BISSCHEN ADRIA MIT GESCHICHTE UND DAS ABSEITS DES GROßSTADTTRUBELS.

Hin & weg: Am besten mit der S-Bahn bis nach Erkner und von dort mit dem Bus 161 zur Schönblicker Straße.

Beste Zeit: Solange das Wetter schön ist, lohnt sich Neu-Venedig an jedem Tag.

Dauer: Ein wunderbarer längerer Ausflug zum Feierabend.

Ausrüstung: Je nach Plan gutes Schuhwerk, ein Fahrrad oder ein Boot.

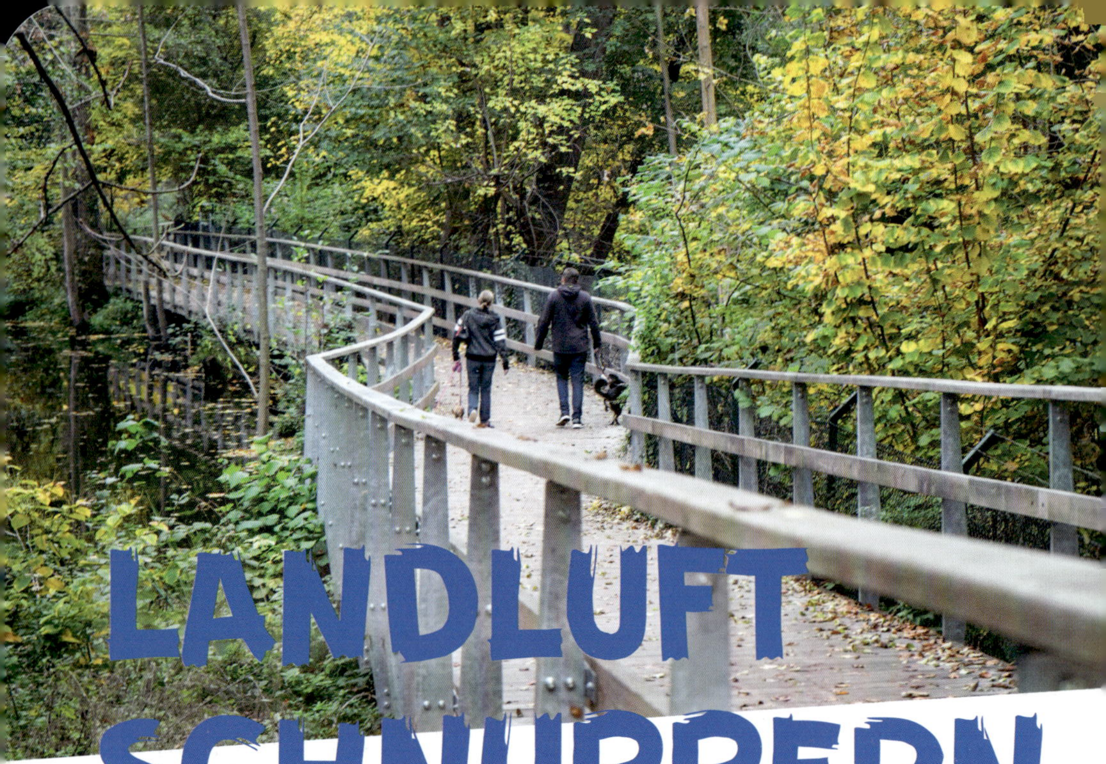

LANDLUFT SCHNUPPERN

... von Alt-Tegel bis nach Lübars

#51

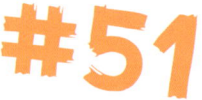

Dörfer in Berlin? Klar gibt's die. Und in einigen von ihnen könnte man meinen, die Zeit wäre stehen geblieben. Ein besonderes Erlebnis sind die Berliner Dörfer bei einem Spaziergang auf dem Barnimer Dörferweg.

#Dorfkinder #BarnimstattBerlin #Landluft #weitweg

Vom Barnimer Dörferweg wirkt selbst der 368 Meter große Berliner Fernsehturm wie ein Miniaturaufsteller.

Seinen Feierabend in der Hauptstadt auf einem Weg durch Dörfer zu verbringen klingt vielleicht erst einmal absurd. Doch eigentlich zeigt das nur, wie vielfältig Berlin wirklich ist. Der Barnimer Dörferweg gehört zu den Grünen Hauptwegen, die einst von der Stadt Berlin entwickelt wurden, um den Großstädtern zu zeigen, wie einfach die eigene Stadt in der Natur entdeckt werden kann. Wer will, kann den gesamten Weg mit seinen 31 Kilometern Länge vom Tegeler Hafen bis zum Eichepark in der Döllner Straße laufen. Wer dafür zum Feierabend nicht genug Zeit hat, folgt dem Abschnitt von den Tegeler Seeterrassen bis nach Blankenfelde.

Dafür startet man am besten im historischen Dorfkern von Tegel und spaziert bis an das Tegeler Ufer, wo man von der Greenwichpromenade aus einen wunderbaren Blick auf den Tegeler See und den gegenüberliegenden Tegeler Forst hat. Von hier aus geht es für einen Abstecher zur knallroten Sechserbrücke, die eigentlich Tegeler Hafenbrücke heißt und als Fußgängerbrücke die Einfahrt des Tegeler Hafens überspannt.

Der Barnimer Dörferweg führt von der Brücke aus am Tegeler Fließ entlang und schlängelt sich damit durch eine der schönsten natürlichen Ecken Berlins. Übrigens: Das Tegeler

Fließ gehört zu den wenigen tatsächlich natürlich entstandenen Fließgewässern in Berlin, und wer ihm folgt, landet nach Tegel schnell in den Bezirken Waidmannslust und Hermsdorf. Besonders idyllisch wird es auf der Holzbrücke am Tegeler Fließ, die sich in Höhe des Marie-Schlei-Platzes befindet und über das Fließ führt. Vor allem im Herbst leuchten einem hier so viele Farben entgegen, das man kaum aus dem Fotografieren herauskommt. Kurz hinter der Brücke führt der Dörferweg an einer weiteren unbekannten Sehenswürdigkeit Berlins

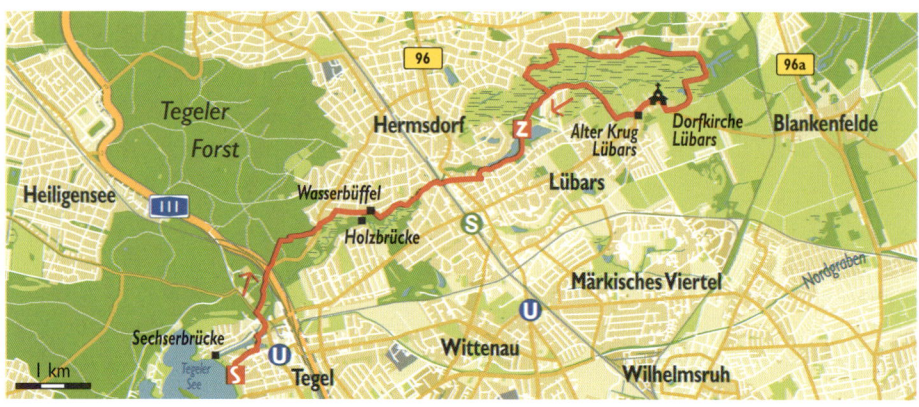

Selbst im Herbst versprühen die Greenwich-Promenade in Alt-Tegel und die Dorfkirche in Barnim jede Menge Charme.

vorbei: an den Wasserbüffeln. Ja, auch das ist Berlin. Auf einer großen Fläche mitten in der Fließlandschaft grast seit Mai 2015 eine Wasserbüffelherde. Die ist nicht nur da, um Spaziergänger zu überraschen, sondern vor allem auch, um die Nasswiesen der Region auf ganz natürliche Art und Weise zu pflegen.

Wer dem Barnimer Dörferweg nun weiter folgt, wird schnell in dem wohl berühmtesten Dorf Berlins landen: Lübars. Mit seiner erhaltenen Dorfstruktur, den kopfsteingepflasterten Straßen und der barocken Dorfkirche aus dem 18. Jahrhundert wirkt Lübars kaum, als würde es noch zu Berlin gehören – doch das tut es, nämlich zum Bezirk Reinickendorf.

Knapp acht Kilometer sind es von den Tegeler Seeterrassen aus bis in den Dorfkern von Lübars. Das ist zwar noch weit weg von der kompletten Länge des Dörferwegs, jedoch nah genug am Gasthof Alter Krug Lübars, in dem man sich durch echte Berliner Küche probieren kann.

Für alle, die noch ein bisschen Kraft in den Beinen haben, führt der Wanderweg von nun an auf die Hochfläche des Berliner Barnims. Wanderer werden ab jetzt mit einem wunderschön weiten Blick auf Wiesen, Obstplantagen und bestellte Äcker belohnt und können in der Ferne vielleicht sogar den Fernsehturm erkennen – und genau hier realisiert man, wie groß und weitläufig die deutsche Hauptstadt eigentlich ist.

FAZIT: RAUS AUS DER STADT UND REIN IN DIE NATUR!

Hin & weg: Vom U-Bahnhof Alt-Tegel geht es bis zum S-Bahnhof Karow. Wer nur nach Lübars wandert, kann von dort vom U-Bahnhof Wittenau oder S-Bahnhof Waidmannslust Richtung Stadt fahren.

Beste Zeit: Besonders schön im Frühling zur Obstblüte oder im Herbst.

Dauer & Strecke: 8 km, ca. 2 Std. bis Lübars oder 31 km und ca. 7,5 Stunden für den gesamten Barnimer Dörferweg.

Ausrüstung: Gutes Schuhwerk, Proviant und ein Fernglas.

Übrigens: GPX-Download auf Seite 229.

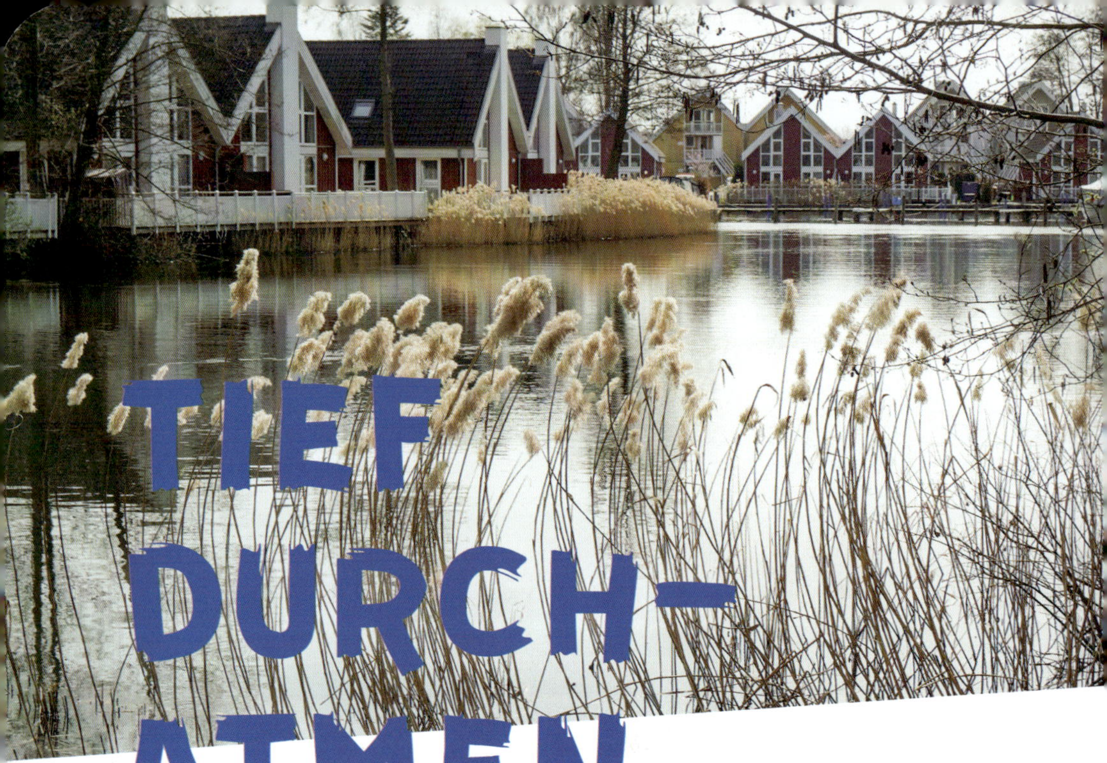

TIEF DURCH-ATMEN

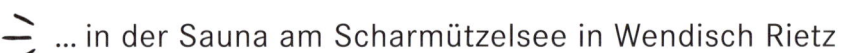

… in der Sauna am Scharmützelsee in Wendisch Rietz

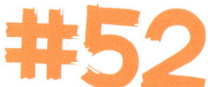

#52

Warum den Feierabend immer möglichst aktiv verbringen, wenn man auch einfach nur die Akkus aufladen kann? Vor den Toren Berlins wartet ein Saunaparadies auf alle, die es sich verdient haben, mal wieder richtig zu entspannen.

#AufgussParty #schwitzenohneEnde #Handtuchnichtvergessen

Das Resort weiß zu verzaubern,
im Großen, wie im Kleinen.

Um einen schönen Feierabend in der Natur zu haben, kann man vielleicht auch mal früher Schluss machen, denn es lohnt sich! Manchmal, da befinden sich Ruhe, Schönheit und Ausgeglichenheit nämlich direkt vor der Haustür. Und manchmal, da kann der Großstadtdschungel gut und gern gegen wunderschöne Natur, einen schillernden See und eine ordentliche Ruheoase ausgetauscht werden.

Zwischen Frankfurt Oder und Fürstenwalde an der Spree versteckt sich ein Ruheplätzchen gekonnt hinter Schilf und Birken und ist umgeben von kleinen, verschlafenen Dörfern, die in der Zeit stehen geblieben zu sein scheinen.

Mittendrin, in Wendisch Rietz, liegt die Wohlfühloase Satama. Eine Saunalandschaft, die es schafft, sich perfekt in die Umgebung

Schwitzen, abkühlen, ausspannen: Platz für endlose Ruhe nach Feierabend gibt es im Resort ohne Ende.

zu integrieren und das nur eine gute Autostunde von Berlin entfernt. Ein früher Feierabend im Satama beginnt mit einem Drink im Restaurant, das eine riesige Terrasse mit freiem Blick auf den Scharmützelsee bietet. Hach ja, Urlaub. Rechts und links vom See steigt Rauch aus den Schornsteinen der Holzsaunen und ein wohliger Geruch von Wellness macht sich breit. Ab und an, da sieht man ganz aufgeregte Gruppen von Bademäntel-Gästen von der Liege aufspringen und Richtung große Sauna rennen. Aufguss-Zeit. Und die hat es in sich.

Wer bei einem Aufguss an ein bisschen Wasser aus der Holzkelle auf heißen Steinen denkt, der sitzt womöglich zu oft im Fitness-studio oder in Hotelsaunen auf dem Holz. Aufguss in der Satama-Saunalandschaft bedeutet: Showtime. Im riesigen Sauna-Theater wird zur Aufgusszeit die Musik aufgedreht, bevor der jeweilige Saunameister oder die Saunameisterin die Show beginnt. Bei jedem Aufguss wird eine Geschichte erzählt – mal aus Afrika, mal als Musical, mal italienisch, aber immer so, dass ganz sicher jeder ins Schwitzen kommt. Aufguss mit ein bisschen Dampf und Handtuchgewedel? Das war mal. Nicht umsonst ist die Satama-Saunalandschaft übrigens auch Austragungsort der Aufguss-WM, in der sich die besten Saunameister der Welt im Aufguss herausfordern. Wer es ein bisschen uriger, traditioneller und vielleicht sogar entspannter mag, der kann allerdings auch

Besonders schön ist, wenn man sich mitten in der Natur entspannen kann.

in die ruhigen Aufgüsse gehen oder zur Märchensauna mit einer echten Märchen-Erzählerin. Zwischen den Aufgüssen kann man sich auch noch am Abend zurück in die Hängematte, auf die Seeliege oder in den Stuhl des Restaurants ziehen, bevor sich der ganze See in ein zartes Orange färbt. Sonnenuntergang am Scharmützelsee zum Feierabend? Der kann sich sehen lassen.

Tipp: Viele Wellnessoasen in und um Berlin haben besondere Angebote zum Feierabend. So gibt es zum Beispiel auch in der Fontanetherme in Neuruppin einen Spezialpreis für die Zeit von 18 bis 22 Uhr. Am besten macht man dafür mal ein wenig früher Feierabend, um am meisten aus der Entspannung herauszuholen.

> **FAZIT: ZUM FEIERABEND DIE SEELE BAUMELN LASSEN IST EINE ECHTE WOHLTAT FÜR DEN KÖRPER.**

Hin & weg: Mit dem Auto sind es 75 km von Berlin aus. Alternativ klappt die Anreise mit der Bahn zum Bahnhof Wendisch-Rietz (Rückfahrzeiten beachten).

Beste Zeit: Ganzjährig, aber im Frühling und Herbst macht der Sprung in den kühlen Scharmützelsee am meisten Spaß.

Dauer: Montag bis Freitag, 16–23 Uhr Feierabendtarif. Aktuelle Preise findet man auf www.satama-saunapark.de

Ausrüstung: Bademantel und Handtuch.

SONST NOCH WICHTIG

REINICKEN-DORF

PANKOW

LICHTENBERG

SPANDAU

MITTE

HAUPT-BAHNHOF

FRIED-RICHS-HAIN

MARZAHN-HELLERS-DORF

CHARLOTTENBURG-WILMERSDORF

KREUZBERG

TEMPEL-HOF-SCHÖNE-BERG

NEU-KÖLLN

STEGLITZ-ZEHLENDORF

TREPTOW-KÖPENICK

Praktisches & Nützliches

Karten mit allen Eskapaden-Standorten, ein Orte-Register, Touren-Downloads und mehr über die Autoren und ihre besten Tipps gibt es auf den folgenden Seiten.

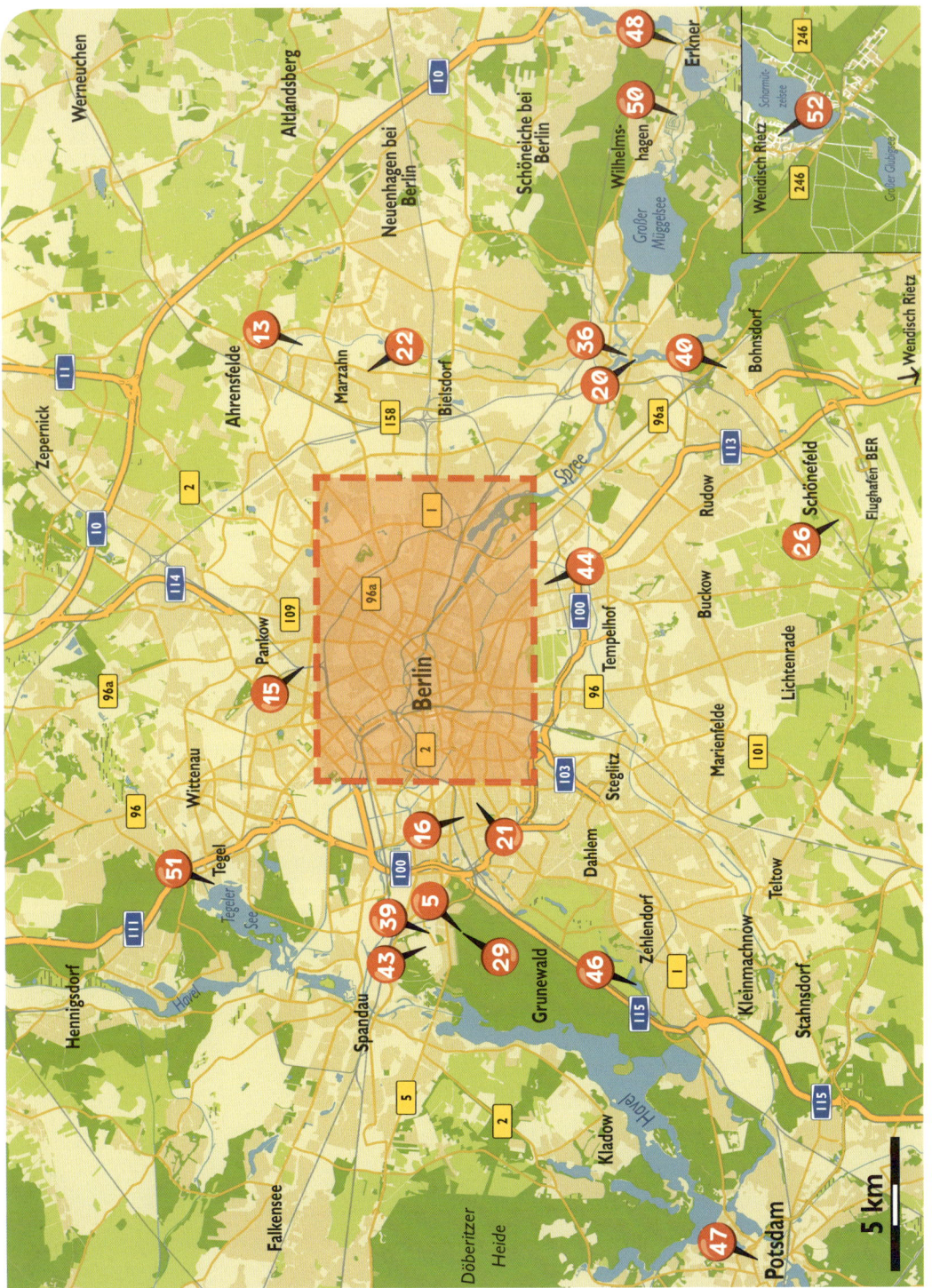

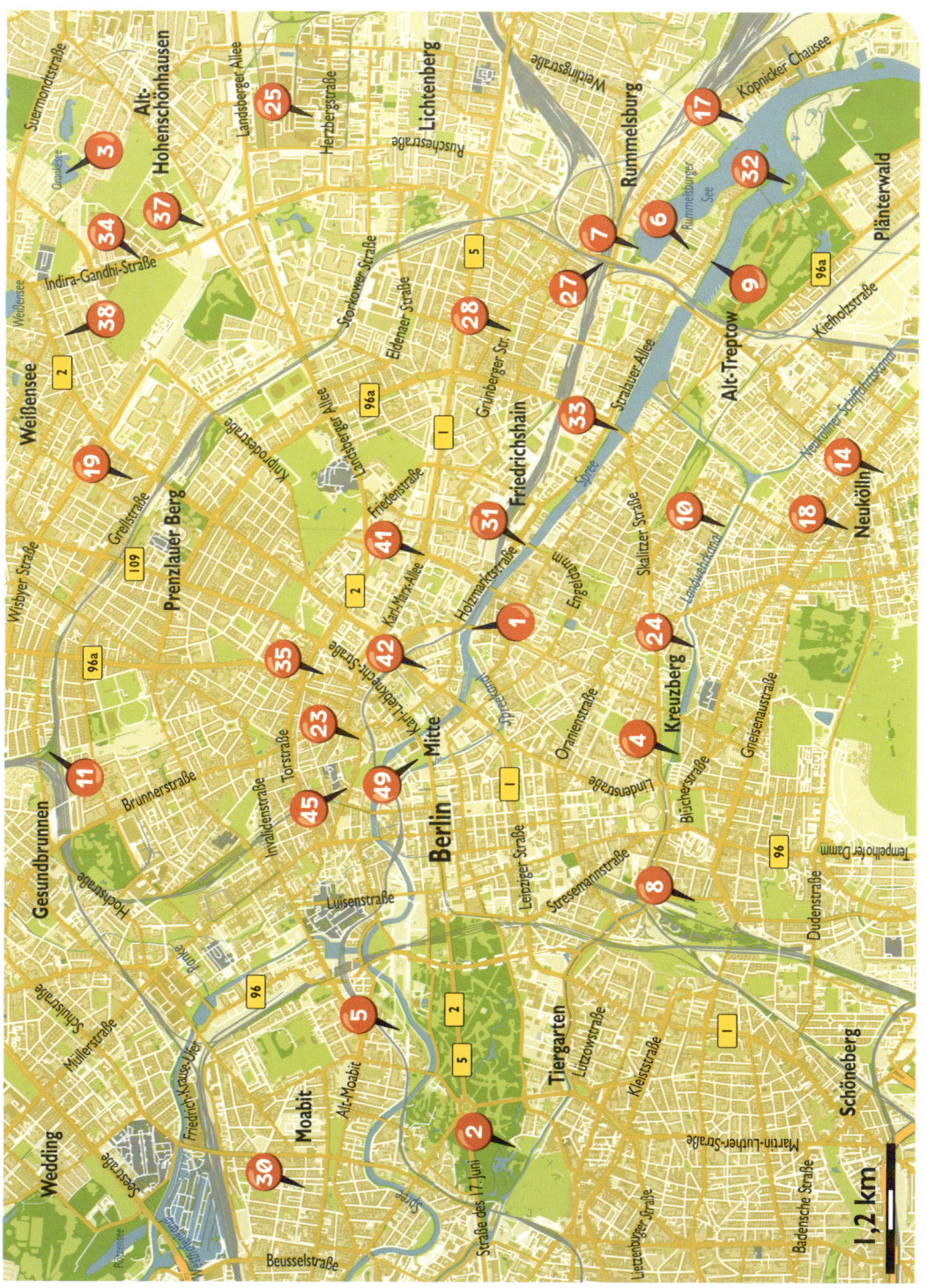

ESKAPADEN-REGISTER ...

⇒ Alle Orte mit Seitenverweisen ⇐

GPX-Download aufs Smartphone – so geht's

<u>Voraussetzung:</u>
Eine Outdoor-App muss installiert sein, z. B. KOMPASS, Outdooractive oder Komoot. Zum Einlesen des QR-Codes benötigen ältere Android-Geräte eine QR-Code-App. Bei neueren Android- und IOS-Geräten ist diese Funktion in der Kamera integriert.

<u>Daten downloaden:</u>
1. Den QR-Code einlesen oder die Webadresse im Browser eingeben, um auf die Eskapaden-Website zu gelangen.
2. Die gewünschte Tour zum Download anklicken.
3. Bei IOS-Geräten werden die GPX-Daten direkt mit der vorab installierten App verknüpft. Bei Android-Geräten muss ggf. noch ein Weiterleiten-Button geklickt werden (z. B. oben rechts im Display). Manche Apps zeigen den Tourverlauf starr an, andere haben eine Navigationsfunktion dabei.

Tourenverlauf

GPX-Daten zum
kostenlosen Download
www.dumontreise.de/
feierabend-berlin

short.travel/5xmx4

NOCH MEHR FEIERABEND-SPAß ...

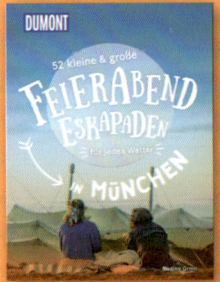
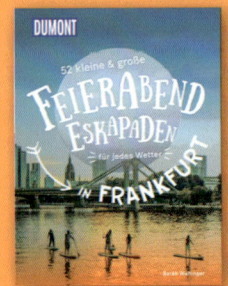

ISBN 978-3-616-11102-5   ISBN 978-3-616-11100-1   ISBN 978-3-616-11101-8

... erhalten Sie im gut sortierten Buchhandel
und unter www.dumontreise.de

IMPRESSUM

Reihenkonzept & Projektmanagement Monique Sorban

Covergestaltung Tanja Schnurpfeil, Leipzig, www.zebraluchs.de, und Carolin Weidemann, Köln, www.weidemann-design.com

Buchgestaltung & Illustrationen Carolin Weidemann, Köln, www.weidemann-design.com

Lektorat & Produktion Verlagsbüro Wais & Partner (Julia Rietsch, Bea König, Kai Wieland), Stuttgart, www.wais-und-partner.de

Text & Fotos Anne Steinbach & Clemens Sehi, Berlin, www.travellersarchive.de; mit folgenden Ausnahmen: mauritius images/Licht Wolke/Alamy (Titelseite); Shutterstock.com/Vangelis K (S. 14/15), Alexandra Popova (S. 29 o.), Vladislav Sinelnikov (S. 29 u.), Sergey Kohl (S. 58 u.); ©Elke A. Jung-Wolff (S. 62–65); Karl Barat für Mobile Kino (S. 138 u., 141)

Kartografie © KOMPASS, Innsbruck, unter Verwendung von Kartendaten von © OpenStreetMap-Mitwirkende, Lizenz CC-BY-SA 2.0

Hinweis Alle Informationen wurden mit größtmöglicher Sorgfalt geprüft. Infolge der Corona-Pandemie kann es allerdings zu kurzfristigen Geschäftsschließungen und anderen Änderungen vor Ort gekommen sein.

Printed in Poland

1. Auflage 2021
© 2021 DuMont Reiseverlag, Ostfildern
ISBN 978-3-616-11103-2

www.dumontreise.de

FSC MIX
Paper from responsible sources
FSC® C139602
www.fsc.org

love
Freiheit.